成语练习 800 条

成语总动员

姜燕娟 ◎ 主编

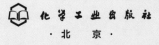

化学工业出版社
·北京·

编写人员名单：

姜燕娟　吕　鑫　姜达显　倪彩英　蒲雯雯　殷志远　张　远
李　琪　韩丽杰

设计人员名单：

焦黎明　刘小旺　陈　作　赖　敏　龚　琼　张婷婷

图书在版编目（CIP）数据

成语练习800条/姜燕娟主编. —北京：化学工业出版社，2020.8
（成语总动员）
ISBN 978-7-122-37032-7

Ⅰ. ①成… Ⅱ. ①姜… Ⅲ. ①汉语-成语-故事-少儿读物　Ⅳ. ①H136.3-49

中国版本图书馆CIP数据核字（2020）第083355号

责任编辑：丁尚林　谢　娣　　　　　　　　装帧设计：尹琳琳
责任校对：赵懿桐

出版发行：化学工业出版社（北京市东城区青年湖南街13号　邮政编码100011）
印　　装：大厂聚鑫印刷有限责任公司
710mm×1000mm 1/16　印张12　字数92千字　2020年9月北京第1版第1次印刷

购书咨询：010-64518888　　　　　　　　售后服务：010-64518899
网　　址：http://www.cip.com.cn
凡购买本书，如有缺损质量问题，本社销售中心负责调换。

定　　价：49.80元　　　　　　　　　　　　　　　　版权所有　违者必究

目 录

第三单元　植物乐园

- 小试牛刀 …… 37
- 趁热打铁 …… 42
- 得心应手 …… 47
- 成语故事 …… 53

第一单元　数字乐园

- 小试牛刀 ……… 1
- 趁热打铁 ……… 6
- 得心应手 …… 11
- 成语故事 …… 17

第四单元　人体乐园

- 小试牛刀 …… 55
- 趁热打铁 …… 60
- 得心应手 …… 65
- 成语故事 …… 71

第二单元　动物乐园

- 小试牛刀 …… 19
- 趁热打铁 …… 24
- 得心应手 …… 29
- 成语故事 …… 35

第五单元　方位乐园

- 小试牛刀 …… 73
- 趁热打铁 …… 78
- 得心应手 …… 83
- 成语故事 …… 89

第六单元　色彩缤纷

- 小试牛刀 …… 91
- 趁热打铁 …… 96
- 得心应手 ……101
- 成语故事 ……107

第七单元　人物动作

- 小试牛刀 ……109
- 趁热打铁 ……114
- 得心应手 ……119
- 成语故事 ……125

第九单元　成语接龙

- 小试牛刀 ……145
- 趁热打铁 ……153
- 得心应手 ……159
- 成语故事 ……161

第八单元　心情转盘

- 小试牛刀 ……127
- 趁热打铁 ……132
- 得心应手 ……137
- 成语故事 ……143

第十单元　成语辨析和运用

- 小试牛刀 ……163
- 趁热打铁 ……167
- 得心应手 ……173
- 成语故事 ……179

答案 ……………181

第一单元
数字乐园

小试牛刀

根据拼音，将成语填到下列空白处。

yì kǒu yǎo dìng	yì liǎo bǎi liǎo
yī lái èr qù	yí lù píng ān
yí luò qiān zhàng	yí lù shùn fēng
yì lǎn wú yú	yì láo yǒng yì
yì máo bù bá	yì mǎ dāng xiān
yì míng jīng rén	yí mù liǎo rán
yì mǎ píng chuān	yí miàn zhī cí
hé èr wéi yī	èr rén tóng xīn
èr lóng xì zhū	èr huà bù shuō

成语总动员

liǎng bài jù shāng	liǎng miàn sān dāo
liǎng lèi chā dāo	liǎng xiāng qíng yuàn
liǎng xiù qīng fēng	liǎng quán qí měi
sān lìng wǔ shēn	sān tóu liù bì
sān yáng kāi tài	sān yán liǎng yǔ
sān gù máo lú	sān xīn èr yì
lián zhòng sān yuán	sān fān liǎng cì
sì fēn wǔ liè	sì hǎi yì jiā
sì jiǎo cháo tiān	sì miàn bā fāng
sì miàn chǔ jī	sì miàn chǔ gē
sì miàn shòu dí	sì tōng bā dá

bǎi lǐ tiāo yī

bǎi mì yì shū

dú yī wú èr

tuì bì sān shè

diān sān dǎo sì

huǒ mào sān zhàng

sì shū wǔ jīng

wǔ cǎi bīn fēn

wǔ gǔ fēng dēng

wǔ huā bā mén

liù shén bù ān

biǎo lǐ yí zhì

bú xiè yí gù

lüè zhī yī èr

bù sān bú sì

diū sān là sì

sān gāng wǔ cháng

sān wǔ chéng qún

wǔ gǔ bù fēn

wǔ guāng shí sè

wǔ huā dà bǎng

liù shén wú zhǔ

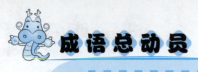

成语总动员

shēn huái liù jiǎ

wǔ zàng liù fǔ

qī gāo bā dī

qī zuǐ bā shé

bā xiān guò hǎi

héng qī shù bā

qī shàng bā xià

jiǔ niú yì máo

jiǔ xiāo yún wài

shí shì jiǔ kōng

shí miàn mái fú

wǔ yán liù sè

luàn qī bā zāo

qī shǒu bā jiǎo

bā bài zhī jiāo

ěr tīng bā fāng

hú shuō bā dào

hán xiào jiǔ quán

jiǔ sǐ yì shēng

shí ná jiǔ wěn

shí è bú shè

shí nián hán chuāng

yì jǔ liǎng dé	yì zhēn jiàn xiě
yì qiū zhī hé	yí jiàn shuāng diāo
shā yī jǐng bǎi	qiān zǎi nán féng
qiān gǔ jué chàng	qiān lǐ tiáo tiáo
qiān chuí bǎi liàn	qiān fāng bǎi jì

qiān chuāng bǎi kǒng	qiān huí bǎi zhuǎn
qiān jūn yí fà	wàn zhòng yì xīn
yì běn wàn lì	rì lǐ wàn jī
qì xiàng wàn qiān	zuì gāi wàn sǐ
qiān hū wàn huàn	qiān zhēn wàn què

趁热打铁

在方框里填上数字,组成成语,并找找它们有什么规律。

☐言九鼎　　背水☐战
狡兔☐窟　　连中☐元
☐谷不分　　☐彩缤纷
☐窍生烟　　擒七纵
☐牛一毛　　☐死一生

规律：_____

不☐法门　　☐龙戏珠
名扬☐海　　☐面受敌
眼观☐路　　☐神无主
☐面玲珑　　☐抬大轿
☐万火急　　☐恶不赦

规律：_____

 把下面两组成语补齐,并找找它们有什么规律。

○擒○纵 ○发○中
○心○意 ○全○美
○战○胜 ○依○顺
○举○动 ○朝○夕
○言○行 ○唱○和

规律：_____

○举○得 独○无○
说○不○ 数○数○
○面○方 ○头○臂
○光○色 一○一○
○○九等 ○通○达

规律：_____

 用数字把下面两组成语补齐，并找找它们有什么规律。

略知○○
○次○番
接○连○
欺○瞒○

○书○经
颜○色○
零○落○
上○下○

独○无○
说○不○
○面○刀
朝○暮○

丢○落○
○脏○腑
○嘴○舌
横○竖○

规律：

給下面两组成语补上开头，并找找它们有什么规律。

	马	当	先
	话	不	说
	阳	开	泰
	面	楚	歌
	谷	丰	登
	神	无	主
	老	八	十
	仙	过	海
	霄	云	外
	万	火	急

	毛	不	拔
	龙	戏	珠
	顾	茅	庐
	海	为	家
	体	投	地
	亲	不	认
	窍	生	烟
	方	支	援
	牛	一	毛
	年	寒	窗

规律：
_____
_____
_____

成语总动员

在空白处填上数字，组成成语，并找找它们有什么规律。

	难		险
	军		马
	秋		代
	丝		缕

	山		水
	差		别
	愁		绪
	刀		剐

规律：

	叮		嘱
	恩		谢
	沟		壑
	呼		唤

	门		户
	变		化
	言		语
	辛		苦

得心应手

 在括号里填上一个数字，组成成语，并且使其符合加减运算。

（ ）体投地
+（ ）叶知秋
———————
（ ）亲无靠

（ ）生有幸
+（ ）谷丰登
———————
（ ）方呼应

（ ）步成诗
−（ ）亲不认
———————
（ ）事无成

（ ）面见光
−（ ）面楚歌
———————
（ ）海为家

（ ）针见血
+（ ）顾茅庐
———————
（ ）海升平

（ ）擒（ ）纵
+（ ）心（ ）意
———————
（ ）室（ ）空

（ ）面玲珑
−（ ）味俱全
———————
（ ）朝元老

（ ）窍生烟
−（ ）畜兴旺
———————
（ ）潭死水

成语总动员

在括号里填上一个数字，组成成语，并且使其符合乘除运算。

（ 百 ）步穿杨
× （ 百 ）读不厌
――――――
（ 万 ）贯家财

（ 四 ）大皆空
× （ 一 ）言为定
――――――
（ 四 ）面受敌

（ 万 ）寿无疆
÷ （ 百 ）口莫辩
――――――
（ 百 ）年不遇

（ 万 ）死不辞
÷ （ 千 ）里鹅毛
――――――
（ 十 ）恶不赦

（ 五 ）彩缤纷
× （ 一 ）毛不拔
――――――
（ 五 ）光十色

（ 三 ）缄其口
× （ 三 ）足鼎立
――――――
（ 九 ）世之仇

（ 万 ）夫莫当
÷ （ 千 ）载难逢
――――――
（ 十 ）指连心

（ 六 ）根清净
÷ （ 三 ）阳开泰
――――――
（ 二 ）话不说

 看图猜成语。

（　）刀（　）断

（　）龙（　）珠

（　）脚（　）天

（　）涎（　）尺

（　）箭（　）雕

（　）时（　）刻

（　）抬（　）轿

（　）兔（　）窟

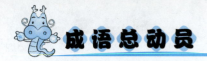

 数字卡片猜成语。

( )无( )有

万( )( )失

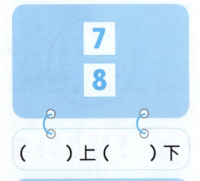

( )上( )下

缺( )少( )

( )( )无忧

( )三( )两

一( )一( )

( )( )成群

 数字猜成语。

| 1+1=1 | 1=10 | 6.666… |

| 1~10 | | 1=10000 |

| 9×9=1 | 7/8 | 1+2+3 |

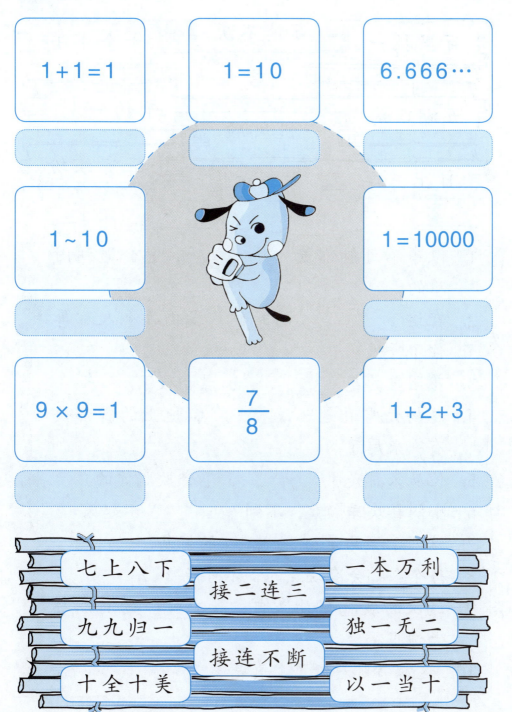

- 七上八下
- 接二连三
- 一本万利
- 九九归一
- 独一无二
- 接连不断
- 十全十美
- 以一当十

成语总动员

 为下面句子选择适当的成语。

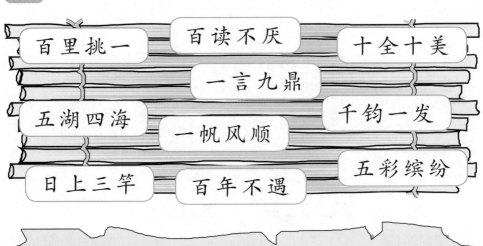

1. 做事不可能都是_____，总会遇到困难的。
2. 在这_____的时候，我们每个人都屏住了呼吸。
3. 花园里的花_____，漂亮极了。
4. 这场大雪真是_____，地上的雪都快有一米厚了。
5. 他从来都是_____，不会欺骗你的。
6. 小明喜欢睡懒觉，不到_____不起床。
7. 这匹千里马是_____的好马。
8. 每个人都会有缺点的，不可能_____。
9. 这次的展览会让来自_____的宾朋都大饱眼福。
10. 这本书好看极了，真是_____。

一箭双雕
yí jiàn shuāng diāo

　　南北朝时期，洛阳有一位智勇双全的人，叫长孙晟。由于他智谋过人，武艺超群，十八岁时就当上了禁卫东宫的武官。他的射箭技艺更是百发百中，无人能比。

　　那时，北方的少数民族突厥人经常与北周朝廷对抗。北周皇帝为了安定北方突厥人，决定把一位公主嫁给突厥可汗摄图，与他们和亲。

　　由于路途遥远，皇帝派长孙晟带领一批将士护送公主去突厥。历经千辛万苦，终于到了突厥。摄图非常高兴，于是大摆酒宴，宴请长孙晟和将士们。酒过三巡，按照突厥人的习惯要比武助兴。摄图命人拿来一张硬弓，问长孙晟："你能否在百步之外射中铜钱呢？"长孙晟爽快地答应了。硬弓被拉成了弯月，一支利箭"嗖"的一声射进了铜钱的小方孔。在座的人不禁齐声喝彩。从此，突厥可汗也对长孙晟另眼相看了。

　　后来，在突厥可汗的再三挽留下，长孙晟在突厥住了一年。这期间，摄图每次出猎，总要长孙晟陪同。有一次，他们来到一片草原打猎，摄图猛一抬头，突然看见空中有两只大雕盘旋着，正在争夺一块肉。他忙招呼长孙晟过来，并递给他两支箭，问道："你能把这两只雕都射下来吗？"

"一支就够了！"长孙晟边说边接过箭，迅速翻身上马飞驰而去。只见他拉弓搭箭，看准目标一箭射去，竟射穿了两只大雕的胸膛，两只大雕顿时一齐落地。长孙晟一箭双雕的高超箭术博得了在场的突厥士兵的连声喝彩，摄图也异常高兴。他下令重赏长孙晟，并要求部下都向长孙晟学习箭术。

后来人们就用一箭双雕来形容做一件事情同时能达到两个目的。

第二单元
动物乐园

根据拼音,将成语填到下列空白处。

shǔ mù cùn guāng	shí shǔ tóng xué
shǔ dù jī cháng	dǎn xiǎo rú shǔ
niú gāo mǎ dà	xiǎo shì niú dāo
duì niú tán qín	jiǔ niú yì máo
lǎo niú shì dú	ní niú rù hǎi
duō rú niú máo	niú tóu mǎ miàn
páo dīng jiě niú	niú guǐ shé shén
niú láng zhī nǚ	hǔ bèi xióng yāo
diào hǔ lí shān	chái láng hǔ bào

成语总动员

hú jiǎ hǔ wēi	hǔ tóu hǔ nǎo
jiàng mén hǔ zǐ	láng tūn hǔ yàn
lóng téng hǔ yuè	xiáng lóng fú hǔ
mǎ mǎ hu hu	rú láng sì hǔ
hǔ shì dān dān	jiǎo tù sān kū
shǒu zhū dài tù	lóng fēi fèng wǔ
lóng téng hǔ yuè	chéng lóng jiā xù
èr lóng xì zhū	fēi lóng zài tiān
huà lóng diǎn jīng	chē shuǐ mǎ lóng
zhǐ lù wéi mǎ	shé xiē xīn cháng

dǎ cǎo jīng shé

bēi gōng shé yǐng

shé xíng hǔ bù

hǔ tóu shé wěi

huà shé tiān zú

mǎ bù tíng tí

mǎ dào chéng gōng

fàng mǎ hòu pào

dǎ mǎ hu yǎn

lóng mǎ jīng shén

lǎo mǎ shí tú

quǎn mǎ zhī láo

bīng huāng mǎ luàn

rén qiáng mǎ zhuàng

yáng cháng xiǎo dào

wáng yáng bǔ láo

hóu nián mǎ yuè

jiān zuǐ hóu sāi

shā jī jǐng hóu

jī máo suàn pí

jī míng gǒu dào

jī quǎn bù níng

成语总动员

| jī quǎn shēng tiān |
| hè lì jī qún |
| dāi ruò mù jī |
| gǒu xuè pēn tóu |
| gǒu zhàng rén shì |
| láng xīn gǒu fèi |
| rú yú dé shuǐ |
| yuán mù qiú yú |
| yù bàng xiāng zhēng |
| dú zhàn áo tóu |
| yú mù hùn zhū |

| shā jī qǔ luǎn |
| xiǎo dù jī cháng |
| gǒu wěi xù diāo |
| gǒu yǎn kàn rén |
| hú péng gǒu yǒu |
| tōu jī mō gǒu |
| chén yú luò yàn |
| hún shuǐ mō yú |
| niǎo jìn gōng cáng |
| diāo chóng xiǎo jì |
| fèng máo lín jiǎo |

成语练习

jìn ruò hán chán	jǐng dǐ zhī wā
jīng gōng zhī niǎo	fēi qín zǒu shòu
yì shí èr niǎo	xiǎo niǎo yī rén
niǎo yǔ huā xiāng	yā què wú shēng
xián yún yě hè	hè fà tóng yán

jiū zhàn què cháo	yā què wú shēng
yīng shēng yàn yǔ	ài wū jí wū
láo yàn fēn fēi	cǎo zhǎng yīng fēi
qū zhī ruò wù	péng chéng wàn lǐ
yīng wǔ xué shé	bǎi niǎo cháo fèng

成语总动员

趁热打铁

在○里填上生肖的名称,把成语补充完整。

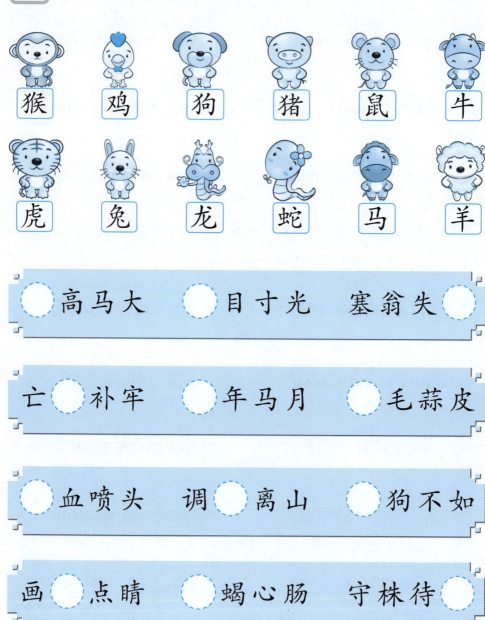

○高马大　　○目寸光　　塞翁失○

亡○补牢　　○年马月　　○毛蒜皮

○血喷头　　调○离山　　○狗不如

画○点睛　　○蝎心肠　　守株待○

 把下面的成语补充完整，并说出所填的动物都属于哪一类。

劳　　　分飞	鸦　　　无声
闲云野	草长　　飞
小　　依人	趋之若

判若　　沟	爱屋及
程万里	毛麟角
学舌	占鹊巢

沉鱼落
立鸡群
虫小技

所填动物都属于：

成语总动员

请选择合适的动物，把下列成语补充完整。

森林野兽　　豹　鹿　虎　熊　狼

水中动物　　鳌　鱼　蛙　蟹　蚌　虾

虎背　　腰　　　　放　　归山

豺狼虎　　　　　　吞虎咽

指　　为马　　　　鹬　　相争

井底之　　　　　　独占　　头

　　目混珠　　　　　兵　　将

请用动物名称把下列成语补充完整,并找一找它们的规律。

画〇添足
如〇得水
老〇作茧

所填动物有几条腿？〇

小肚〇肠
鸦〇无声
〇毛大雪
〇合之众
鸠占〇巢

所填动物有几条腿？〇

井底之〇
抱头〇窜
〇年鹤寿
〇肠小道
狡〇三窟

所填动物有几条腿？〇

噤若寒〇
〇拥而上
〇〇点水
〇〇奋臂
〇缘槐

所填动物有几条腿？〇

 虎斗龙争。

○ 头虎脑　　　○ 头蛇尾
放 ○ 归山　　　○ 视眈眈
狐假 ○ 威　　　将门 ○ 子
饿 ○ 吞羊　　　○ 口拔牙
猛 ○ 添翼　　　调 ○ 离山

○ 马精神　　　乘 ○ 佳婿
二 ○ 戏珠　　　飞 ○ 在天
画 ○ 点睛　　　活 ○ 活现
放 ○ 入海　　　老态 ○ 钟
车水马 ○　　　○ 凤呈祥

 得心应手

在 ○ 里填上相应的汉字，组成成语，并使等式成立。

○视眈眈 + ○背熊腰 = ○○相斗，必有一伤

○飞凤舞 + ○凤呈祥 = ○○戏珠

○高马大 + 小试○刀 + 对○弹琴 + 老○舐犊 + 泥○入海 + ○头马面 + 庖丁解○ + ○鬼蛇神 + ○郎织女 = ○○一毛

小○依人 + ○语花香 = 一石○○

杀○取卵 + 尖嘴○腮 = 杀○给○看

九○一毛 + 二○相斗，必有一伤 = 九○二○之力

飞○在天 + 调○离山 = 降○伏○

杀○取卵 + ○仗人势 = ○○不宁

泥○入海 + ○蝎心肠 = ○鬼○神

成语总动员

 把下列成语接龙补充完整。

后面衔接的成语中必须有一个字与前一个成语中的字相同。

		目	寸	光
鼠	肚			肠
鸡	鸣			盗
狗	仗			势
人	高			大
车	水		马	
龙	腾			跃
虎	豹	豺		
狼	吞			咽
		腾	虎	跃

龙		精	神
	头	马	面
牛	鬼		神
	头	蛇	尾
	马	虎	虎
	年	马	月
杀		儆	猴
鸡		不	宁
犬		之	劳
打	马		眼
	假	虎	威

 看图片猜成语。

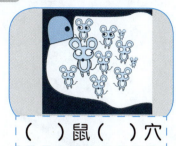

（　）鼠（　）穴

（　）飞（　）舞

对（　）弹（　）

杯（　）（　）影

（　）头（　）尾

（　）立（　）群

（　）不停（　）

一（　）双（　）

（　）程万（　）

（　）底之（　）

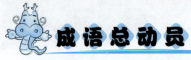

成语总动员

挑出下面成语中的错别字,并将正确答案填在后边的方框内。

鼠杜鸡肠 ☐

画龙点睛 ☐

牛鬼蛇身 ☐

杯工蛇影 ☐

蛟兔三窟 ☐

貉立鸡群 ☐

貂虫小技 ☐

狗丈人势 ☐

柱羊补牢 ☐

圆木求鱼 ☐

 根据上句猜下句。

- 二虎相斗
- 静若处子
- 一朝被蛇咬
- 君子一言
- 嫁鸡随鸡
- 一人得道
- 狗咬吕洞宾
- 塞翁失马
- 挂羊头
- 人怕出名

 成语总动员

 请选择合适的成语填空。

兵荒马乱　鼠目寸光　小肚鸡肠　井底之蛙
牛高马大　对牛弹琴　马马虎虎　龙飞凤舞
鸦雀无声　鸟语花香

1. 小明一点也不喜欢音乐，同学对他讲起莫扎特简直是_____。
2. 小红做事不认真，总是_____的。
3. 花花写的字_____，老师都快不认识了。
4. 强子长得_____，我跟他一比，简直像只小老鼠。
5. 我们做事情不能_____，要站得高，看得远！
6. 老师教我们，跟同学相处要宽容大度，不能_____。
7. 抗战时期，由于常年_____，很多孩子都流离失所。
8. 我们不能像_____一样，只看到头上的一片天。
9. 教室里_____，连一根针掉到地上都能听得见。
10. 春天来了，花园里到处_____。

成语故事

zhǐ lù wéi mǎ
指鹿为马

秦二世时，丞相赵高野心勃勃，日夜盘算着要篡夺皇位。可朝中大臣有多少人能听他摆布，有多少人反对他，他心中没底。于是，他想了一个办法，准备试一试自己的威信，同时也可以摸清敢于反对他的人。

一天上朝时，赵高让人牵来一只鹿，满脸堆笑地对秦二世说："陛下，我献给您一匹好马。"秦二世一看，心想：这哪里是马啊，分明是一头鹿嘛！便笑着对赵高说："丞相搞错了，这明明是一头鹿，你怎么说是马呢？"赵高面不改色心不慌地说："请陛下看清楚了，这的的确确是一匹千里马。"秦二世又看了看那头鹿，将信将疑地说："马的头上怎么会长角呢？"赵高一看时机到了，转过身，用手指着众大臣们大声说："陛下如果不信我的话，可以问问众位大臣。"

大臣们都被赵高的一派胡言搞得不知所措，私下里嘀咕：这个赵高搞什么名堂？是鹿是马这不是明摆着嘛。当看到赵高脸上露出阴险的笑容，两只眼睛骨碌碌地轮流盯着每个人的时候，大臣们忽然明白了他的用意。

成语总动员

　　一些胆小又有正义感的人都低下头，不敢说话，因为说假话，对不起自己的良心，说真话又怕日后被赵高所害。有些正直的人，坚持认为是鹿而不是马。还有一些平时就紧跟赵高的奸佞之人则立刻拥护赵高的说法，对皇上说："这的确是一匹千里马！"

　　事后，赵高通过各种手段治那些不顺从自己的正直大臣的罪，甚至满门抄斩。

　　后来，人们就用指鹿为马来形容故意颠倒黑白，混淆是非。

第三单元
植物乐园

根据拼音，将成语填到下列空白处。

bù bù lián huā	biàn dì kāi huā
bǎi huā qí fàng	miào bǐ shēng huā
bì yuè xiū huā	cán huā bài liǔ
chūn huā qiū yuè	chūn nuǎn huā kāi
dòng fáng huā zhú	fán huā sì jǐn
fēng huā xuě yuè	huā cán yuè quē
huā hóng liǔ lǜ	huā hǎo yuè yuán
huā li hú shào	huā qián yuè xià
huā róng yuè mào	huǒ shù yín huā

成语总动员

huā tuán jǐn cù	huā tiān jiǔ dì
huā yán qiǎo yǔ	jìng huā shuǐ yuè
jǐn shàng tiān huā	liǔ àn huā míng
luò huā liú shuǐ	niān huā rě cǎo
jiè huā xiàn fó	rú huā sì yù
rén miàn táo huā	tán huā yí xiàn
wù lǐ kàn huā	xīn huā nù fàng
yí huā jiē mù	yǎn huā liáo luàn
cùn cǎo bù shēng	cǎo cǎo liǎo shì
cǎo jiān rén mìng	cǎo shuài cóng shì
cǎo zhǎng yīng fēi	dǎ cǎo jīng shé

fēng chuī cǎo dòng

fēng shēng hè lì

cǎo mù jiē bīng

jí fēng jìng cǎo

qí huā yì cǎo

zhǎn cǎo chú gēn

dú shù yí zhì

qióng lín yù shù

yú mù nǎo dài

shù dà zhāo fēng

lì mù nán mén

dāi ruò mù jī

dà xīng tǔ mù

kū mù féng chūn

liáng qín zé mù

má mù bù rén

mù yǐ chéng zhōu

rù mù sān fēn

shéng jù mù duàn

wú běn zhī mù

xiǔ mù bù diāo

yì cǎo yí mù

39

成语总动员

yuán mù qiú yú	guā shú dì luò
shì rú pò zhú	táo hóng liǔ lǜ
yǔ hòu chūn sǔn	máng cì zài bèi
yí yè zhī qiū	bá miáo zhù zhǎng
bǎi bù chuān yáng	jīn zhī yù yè
tóu táo bào lǐ	chūn lán qiū jú
táo hóng lǐ bái	yì shǐ méi huā
zhī fán yè mào	kū zhī bài yè
gēn shēn yè mào	shuò guǒ léi léi
zhī yè fú shū	wàng méi zhǐ kě
píng shuǐ xiāng féng	ǒu duàn sī lián

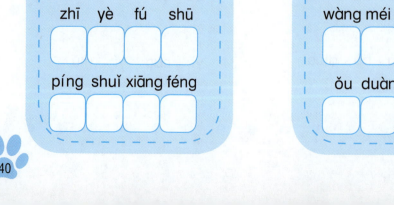

lán zhì huì xīn	hú lún tūn zǎo
fù jīng qǐng zuì	pī jīng zhǎn jí
zhǐ sāng mà huái	jīn lán zhī jiāo
lǜ cǎo rú yīn	luò yè guī gēn
pán gēn cuò jié	chū shuǐ fú róng
lí huā dài yǔ	shì wài táo yuán
gēn shēn dì gù	hán bāo dài fàng
píng shuǐ xiāng féng	cāng sōng cuì bǎi
zhī jié héng shēng	yù shù lín fēng
qìng zhú nán shū	xiōng yǒu chéng zhú
táo lǐ zhēng yán	tiě shù kāi huā

成语总动员

趁热打铁

移"花"接"木"。

百○齐放	大兴土○
春○秋月	草○皆兵
风○雪月	○已成舟
落○流水	入○三分
拈○惹草	缘○求鱼
眼○缭乱	麻○不仁
移○接木	枯○逢春
昙○一现	一草一○
心○怒放	独○难支
如○似玉	朽○不雕

 请选择合适的汉字，把下面的成语补充完整。

果蔬类植物　　杏　梅　桑　果　桃
　　　　　　　梨　芒　藕　枣　瓜

木本类植物　　竹　树　根　枝　杨
　　　　　　　木　叶　节　枝　木

硕○累累
望○止渴
囫囵吞○
指○骂槐
　○脸桃腮

落○归根
○深蒂固
金○玉叶
百步穿○
良○择禽

○花带雨
投○报李
○熟蒂落
○刺在背
藕断丝连

一草一○
琼林玉○
盘根错○
枯○败叶
势如破○

成语总动员

请用合适的汉字把下面的成语补充完整。

残花败☐

花红☐绿

☐暗花明

桃红☐绿

弱☐扶风

桃
兰
柳

☐因絮果

质☐惠心

义结金☐

吹气胜☐

春☐秋菊

☐腮粉脸

投☐报李

世外☐源

人面☐花

☐李争妍

 请把下面的成语补充完整，并找找有什么规律。

闭□羞□　　春□秋□
风□雪□　　□残□缺
□好□圆　　□前□下
镜□水□　　□容□貌

规律：_____

□木皆兵　　寸□不生
□草了事　　□营人命
□率从事　　□长莺飞
打□惊蛇　　风吹□动
奇花异□　　斩□除根
一□一木　　□行露宿

规律：_____

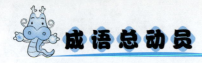 成语总动员

 请给下面的成语归类。

骄阳似火　一叶知秋　硕果累累　冰天雪地　春暖花开
绿树成荫　花红柳绿　挥汗如雨　鹅毛大雪　花残月缺
枝繁叶茂　残花败柳　滴水成冰　百花齐放　郁郁葱葱
阳春白雪　林寒涧肃　春花秋月　雨后春笋　落叶归根

表示春天的成语：

表示夏天的成语：

表示秋天的成语：

表示冬天的成语：

得心应手

 找出下面成语中的错别字，并将正确答案填入后面的圆圈内。

编地开花 ○

百花其放 ○

繁花似帛 ○

花天洒地 ○

眼花瞭乱 ○

移花结木 ○

独树一职 ○

绳据木断 ○

根深帝固 ○

望梅止喝 ○

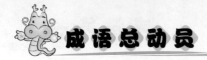

 请把意思相近的成语用线连起来。

遍地开花 · · 花红柳绿

花团锦簇 · · 草率从事

眼花缭乱 · · 花容月貌

如花似玉 · · 风吹草动

草草了事 · · 头昏眼花

打草惊蛇 · · 繁花似锦

桃红柳绿 · · 百花齐放

 成语归类。

落花流水　人面桃花　闭月羞花
负荆请罪　残花败柳　西风落叶
花容月貌　拔苗助长　花残月缺
望梅止渴　如花似玉　囫囵吞枣

形容女子容貌的成语：

描述典故的成语：

形容万物枯败残缺的成语：

成语总动员

根据下面的描述选择合适成语。

拔苗助长　斩草除根
眼花缭乱　遍地开花　藕断丝连
镜花水月　一叶知秋　草率从事
含苞待放　囫囵吞枣

- 形容到处都开满了花。
- 指除草的时候连根也一起拔掉。
- 镜子里的花，水中的月亮。
- 看到一片叶子就知道秋天了。
- 指没有经过考虑就做事情。
- 形容东西很多，眼睛看不过来。
- 把庄稼拔高，希望它能快快生长。
- 莲藕断了，但它的丝还连在一起。
- 不咬就把枣给胡乱吞下去。
- 花骨朵等待着开放。

 请选择合适的成语补充句子，使下面的句子完整通顺。

草率从事　寸草不生　如花似玉

奇花异草　枯枝败叶　妙笔生花　花言巧语

根深蒂固　一草一木　眼花缭乱

1. 他的文章写得真好，简直是 _____ 。

2. 我们做事情都要认真考虑，绝不能 _____ 。

3. 我们不能轻信别人的 _____ ，以免上当受骗。

4. 天空中有好多漂亮的风筝，看得我 _____ 的。

5. 这是个荒凉的地方，_____ 。

6. 植物园里有很多 _____ 。

7. 我们要爱惜公园里的 _____ 。

8. 深秋时节，院子里到处都是 _____ 。

9. 封建思想在某些人心中是 _____ 的。

10. 几年不见，芳芳已经出落得 _____ 了。

成语总动员

成语搭配。

请将下面的成语与所描写的名词搭配起来。

文章 ○　　　　　　　　● 如花似玉

姑娘 ○　　　　　　　　● 妙笔生花

恋人 ○　　　　　　　　● 草长莺飞

荒地 ○　　　　　　　　● 花前月下

三月 ○　　　　　　　　● 盘根错节

曹操 ○　　　　　　　　● 草船借箭

秋天 ○　　　　　　　　● 寸草不生

诸葛亮 ○　　　　　　　● 硕果累累

廉颇 ○　　　　　　　　● 望梅止渴

大树 ○　　　　　　　　● 负荆请罪

成语故事

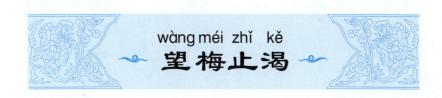

wàng méi zhǐ kě
望梅止渴

有一年夏天，曹操率领部队去讨伐张角。那天，天气热得出奇，骄阳似火，天上一丝云彩也没有。部队在弯弯曲曲的山道上行走，两边密密的树木和被阳光晒得滚烫的山石，让人透不过气来。到了中午时分，士兵的衣服都湿透了。出汗是很消耗体力的，士兵们都累坏了，再加上没有水喝，行军的速度也慢了下来，有几个体弱的士兵竟晕倒在路边。

曹操看行军的速度越来越慢，担心贻误战机，心里特别着急。可是，眼下几万人马连水都喝不上，又怎么能加快速度呢？他立刻叫来向导，悄悄问他："这附近可有水源？"向导摇摇头说："泉水在山谷的那一边，绕道过去还有很远的路程呢。"曹操想了一下说："不行，时间来不及了。"他看了看前边的树林，沉思了一会儿，对向导说："你什么也别说，我来想办法。"

他知道此刻即使下命令要求部队加快速度也无济于

成语总动员

事。于是脑筋一转,办法来了,他一夹马肚子,快速赶到队伍前面,用马鞭指着前方说:"士兵们,我知道前面有一大片梅林,那里的梅子又大又好吃,我们快点赶路,绕过这个山丘就到梅林了!"士兵们一听,仿佛已经吃到了鲜美可口的梅子,于是精神大振,步伐不由得加快了许多。

由于这个善意的谎言,士兵们终于顺利赶到目的地,最终把握住了有利的战斗时机。后来人们就用这个典故来形容人们无法达到目的,而用幻想来安慰自己。

第四单元

人体乐园

小试牛刀

根据拼音，将成语填到下列空白处。

jū xīn bù liáng

xiǎo xīn yì yì

kǒu shì xīn fēi

xīn bù zài yān

xīn gān qíng yuàn

xīn píng qì hé

sān xīn èr yì

xīn ān lǐ dé

xīn kǒu bù yī

wèn xīn wú kuì

xīn mǎn yì zú

xīn kuàng shén yí

xǐ xīn gé miàn

xīn zhào bù xuān

ěr mù zhòng duō

yóu shǒu hào xián

dà dǎ chū shǒu

gǒng shǒu ràng rén

bái shǒu qǐ jiā	shǒu zú wú cuò
gāo tái guì shǒu	zhǎng shàng míng zhū
jié zú xiān dēng	dùn zú chuí xiōng
ài shǒu ài jiǎo	qī zuǐ bā shé
zhāng kǒu jié shé	huò cóng kǒu chū
kǒu ruò xuán hé	yǐ yá huán yá
kǒu chǐ líng lì	chún wáng chǐ hán
xuè kǒu pēn rén	yǒu kǒu jiē bēi
yǎ kǒu wú yán	bù zú guà chǐ
xìn kǒu cí huáng	yī dǎn zhōng gān
fàn lái zhāng kǒu	zàn bù jué kǒu

mò chǐ nán wàng	chún qiāng shé jiàn
shǒu kǒu rú píng	nóng méi dà yǎn
jǐ méi nòng yǎn	cí méi shàn mù
guāng cǎi duó mù	méi kāi yǎn xiào
méi lái yǎn qù	míng mù zhāng dǎn
yǎn huā liáo luàn	mù zhōng wú rén
yǒu yǎn wú zhū	xiōng yǒu chéng zhú
shǒu qū yī zhǐ	jiāo tóu jiē ěr
qiān tóu wàn xù	bié kāi shēng miàn
shēn shǒu bù fán	gǎi tóu huàn miàn
pāo tóu lù miàn	bào tóu shǔ cuàn

成语总动员

pī tóu sàn fà	bái tóu xié lǎo
dāng tóu bàng hè	chuí tóu sàng qì
jiāo tóu làn é	qiān jūn yí fà
nù fà chōng guān	cì gǔ xuán liáng
hèn zhī rù gǔ	gǔ ròu tuán yuán
tuō tāi huàn gǔ	máo gǔ sǒng rán
bàn shēn bù suí	yǐ shēn zuò zé
yǐ shēn shì fǎ	tǐ wú wán fū
kè gǔ míng xīn	fèn bù gù shēn
biàn tǐ lín shāng	zhì shēn shì wài
zuò zéi xīn xū	bēi gōng qū xī

chóu méi bù zhǎn

chóu méi kǔ liǎn

yáng méi tǔ qì

méi qīng mù xiù

méi fēi sè wǔ

pò zài méi jié

jǔ àn qí méi

tí xīn diào dǎn

hún fēi pò sàn

bí qīng liǎn zhǒng

xī pí xiào liǎn

sān tóu liù bì

jiè dāo shā rén

líng yá lì chǐ

yǎng rén bí xī

yǐ mào qǔ rén

zhǐ fù wéi hūn

miàn hóng ěr chì

lì lì zài mù

ěr rú mù rǎn

趁热打铁

 看图猜成语。

（　）手（　）脚

三（　）六（　）

一（　）十（　）

（　）不在（　）

昂（　）挺（　）

（　）上（　）珠

捶（　）顿（　）

（　）有成（　）

 请把下面的成语补充完整，并找出它们的规律。

☐照不宣　　☐灵手巧
☐乱如麻　　☐旷神怡
☐血来潮　　平☐静气
得☐应手　　回☐转意
死☐塌地　　洗☐革面

别出☐裁　　语重☐长
胆颤☐惊　　计上☐来
做贼☐虚　　别有用☐
触目惊☐　　刻骨铭☐
苦口婆☐　　赤胆忠☐

规律：_____

成语总动员

 "耳""目"众多。

	聪	目	明
忠	言	逆	
掩	人		目
掩		盗	铃
	濡	目	染
	熟	能	详
	目	一	新
交	头	接	
洗		恭	听
忠	言	逆	

	瞠	口	呆
刮		相	看
怒		相	向
冷		旁	观
一		十	行
历	历	在	
有		无	珠
	明	手	快
过		不	忘
有	板	有	

 请选择合适的人体器官，将下面的成语补充完整。

口腔器官：口齿、口、唇、牙、齿
人体五官：额、眉、鼻、脸、嘴、貌、眉、眼、耳

○若悬河
以○还牙
○○伶俐
○亡○寒
哑○无言

不足挂○
信○开河
赞不绝○
没○难忘
○枪舌剑

嬉皮笑○
○青脸肿
仰人○息
扬○吐气
焦头烂○

洗○恭听
七○八舌
以○取人
举案齐○
○花缭乱

成语总动员

请将下面两组成语补充完整，并找找它们的规律。

第一组：
- ☐舞☐蹈
- 七☐八☐
- ☐踏实地
- 炙☐可热
- 措☐不及
- ☐忙☐乱
- 妙☐回春
- ☐☐无措
- 毛☐毛☐
- 赤☐空拳
- 身☐不凡

第二组：
- 五☐六☐
- 忠☐义胆
- 提☐吊胆
- ☐☐之言
- 抬头挺☐
- ☐寸断
- ☐☐相照
- 卧薪尝☐
- ☐惊肉跳
- 赤胆忠☐
- 指☐为婚

规律：_____   规律：_____

 选择近义词。请从下面10个成语中选择合适的词填入相应的空白处。

独具匠心 口齿伶俐 信口开河 问心无愧 心平气和
心口不一 心甘情愿 哑口无言 手足无措 心不在焉

别出心裁	
无怨无悔	
口是心非	
手忙脚乱	
心安理得	
巧舌如簧	
魂不守舍	
张口结舌	
平心静气	
信口雌黄	

成语总动员

在空白处填上合适的汉字，组成成语，使等式成立。

问□无愧+赤□空拳=得□应□

□若悬河+三□二意=□是□非

聪□明+濡□染+□一新+掩人□□=□□□□□

千□万绪+忠言逆□=交□接□

以□试法+高抬贵□=□□不凡

哑□无言+唇枪□剑=张□结□

拱□让人+捷□先登=□忙□乱

举案齐□+刮□相看=□开□笑

当□棒喝+别开生□=改□换□

赤□忠心+□肠寸断=□□相照

66

 根据描述猜成语。

心旷神怡　手足无措　提心吊胆　赤手空拳
游手好闲　口是心非　心不在焉　怒目相向
口若悬河　垂头丧气

	打太极。
	非常愤怒地瞪着双眼看人。
	低着头，叹着气。
	心提到了嗓子眼上。
	说出的话如滔滔江水，连绵不绝。
	无所事事，到处晃悠。
	心里无比开阔，神清气爽。
	说是一套，做是一套。
	身在曹营，心在汉。
	手脚都不知放在何处。

成语总动员

 成语搭配。

悔得·	·鼻青脸肿
气得·	·得心应手
羞得·	·焦头烂额
摔得·	·毛骨悚然
乐得·	·面红耳赤
看得·	·眼花缭乱
吓得·	·粉身碎骨
做得·	·眉开眼笑
忙得·	·怒发冲冠
打得·	·捶胸顿足

找出下面成语中的错别字,并将正确答案填在后面的圆圈内。

别出新裁 ○	处目惊心 ○
得心映手 ○	死心踏地 ○
淹人耳目 ○	手足无措 ○
有口皆卑 ○	括目相看 ○
提心掉胆 ○	首曲一指 ○

成语总动员

请选择恰当的成语把下面的句子补充完整。

垂头丧气　脚踏实地　胸有成竹　信口开河　得心应手　问心无愧　愁眉苦脸　饭来张口　口是心非　浓眉大眼

1. 欢欢是个聪明的孩子，每门功课都做得_____。
2. 做人要心口一致，千万不能_____。
3. 不论我们做什么事情，都要做到_____。
4. 明明说话从来不思考，总是_____的。
5. 现在很多娇生惯养的孩子都过着_____的生活。
6. 我们新来的语文老师长得_____的，十分帅气。
7. 小乐这次模拟考试不及格，整天_____的。
8. 落落一副_____的样子，看来这次考试又是年级第一了。
9. 一遇到困难就表现出_____的样子，是成不了大器的。
10. 老师教育我们做事要_____，千万不能好高骛远。

成语故事

yǎn ěr dào líng
掩耳盗铃

　　从前，有一个人很愚蠢又很自私，他还有一个爱占便宜的坏毛病。凡是他喜欢的东西，总是想尽办法把它弄到手，甚至是去偷。有一次，他看中了一个富人家大门上挂的铃铛。这只铃铛制作得十分精致，声音也很响亮。他想，怎么样才能把它弄到手呢？想来想去，决定把它偷回来。不过他知道，只要用手去碰这个铃铛，就会发出"丁零丁零"的响声。门铃一响，耳朵就会听到，就会被主人发现了。哎呀，那可就得不到铃铛了，他十分沮丧。

　　到底怎么办呢？突然，他看到隔壁的聋人从他门前经过，他灵机一动，想出了一个好办法。对了，只要把耳朵堵上不就听不见了吗？于是他赶忙找来两个大棉花团，塞住了耳朵。

　　这天晚上，他借着月光，蹑手蹑脚地来到这家富人的大门前。他伸手去够铃铛，但是，铃铛挂得太高了，怎么也够不着，他只好返回家来。

成语总动员

　　第二天晚上,他带着凳子,又蹑手蹑脚地来到这家大门口。他踩着凳子去摘铃铛。谁知他刚碰到铃铛,铃铛就响了。这家主人发现后,拿起棍子就追了出来,不一会儿就把他抓住了。这个人觉得很奇怪:明明自己的耳朵被棉花堵住了,怎么还会听到铃声呢?

　　后来人们就用"掩耳盗铃"来形容自欺欺人的人或事。明明知道掩盖不住的事情却还要想办法去掩盖,结果让自己陷入十分尴尬的境地。

第五单元
方位乐园

 小试牛刀

🐘 根据拼音，将成语填到下列空白处。

dōng dǎo xī wāi	dōng zhāng xī wàng
dōng lā xī chě	dōng yáo xī bǎi
dōng duǒ xī cáng	dōng bēn xī zǒu
dōng shān zài qǐ	shēng dōng jī xī
hé dōng shī hǒu	fù zhī dōng liú
nán yuán běi zhé	nán zhēng běi zhàn
nán qiāng běi diào	tiān nán hǎi běi
nán kē yí mèng	zǒu nán chuǎng běi
shòu bǐ nán shān	zhōng xī hé bì

成语总动员

tài shān běi dǒu	qián chē zhī jiàn
qián fù hòu jì	qián gōng jìn qì
qián wú gǔ rén	qián suǒ wèi yǒu
qián yīn hòu guǒ	qián sī hòu xiǎng
zhān qián gù hòu	ān qián mǎ hòu
chéng qián qǐ hòu	kōng qián jué hòu
shǐ wú qián lì	míng liè qián máo
tòng gǎi qián fēi	wèi suō bù qián
guǒ zú bù qián	tíng zhì bù qián
yì wǎng wú qián	yǒng wǎng zhí qián
hòu jì yǒu rén	hòu lái jū shàng

zhēng xiān kǒng hòu

zuǒ yòu kāi gōng

zuǒ gù yòu pàn

zuǒ sī yòu xiǎng

zuǒ yòu féng yuán

zuǒ yòu wéi nán

shàng xíng xià xiào

jǐn shàng tiān huā

chéng shàng qǐ xià

bī shàng liáng shān

zhǎng shàng míng zhū

liáng shàng jūn zǐ

xuě shàng jiā shuāng

qī shàng bā xià

bǎng shàng yǒu míng

bǎn shàng dìng dīng

tiān shàng rén jiān

jǔ guó shàng xià

lǎng lǎng shàng kǒu

lì zhēng shàng yóu

bù xiāng shàng xià

zhì gāo wú shàng

成语总动员

fú yáo zhí shàng
jiàn zài xián shàng
xià bù wéi lì
luò jǐng xià shí
bù chǐ xià wèn
zhèng zhòng xià huái
shuāng guǎn qí xià
jiāng hé rì xià
shēng lèi jù xià
jí zhuǎn zhí xià
jū gāo lín xià

yuè rán zhǐ shàng
zhēng zhēng rì shàng
duì zhèng xià yào
dī shēng xià qì
dī sān xià sì
gān bài xià fēng
měi kuàng yù xià
jì rén lí xià
lèi rú yǔ xià
qí hǔ nán xià
nèi wài gōu jié

wǔ nèi rú fén	wài yuán nèi fāng
wài qiáng zhōng gān	xiù wài huì zhōng
shì wài táo yuán	lǐ yìng wài hé
xǐ chū wàng wài	zhì zhī dù wài
chí míng zhōng wài	zhì shēn shì wài

jiǔ xiāo yún wài	gǔ jīn zhōng wài
bǎi lǐ tiāo yī	xiào lǐ cáng dāo
zì lǐ háng jiān	mián lǐ cáng zhēn
biǎo lǐ rú yī	chī lǐ pá wài
shā lǐ táo jīn	wù lǐ kàn huā

成语总动员

趁热打铁

 七"上"八"下"。

七上	八下
□行下效	□不为例
锦□添花	□里巴人
承□启下	对症□药
逼□梁山	落井□石
掌□明珠	低声□气
梁□君子	不耻□问
雪□加霜	低三□四
	正中□怀

成语练习

请用合适的方位词把下面几组成语补充完整，并找找每组的规律。

	车	之	鉴
	赴	后	继
	功	尽	弃
	呼	后	拥
	无	古	人

瞻		顾	后
鞍		马	后
承		启	后
空		绝	后
背		面	后

规律：_____

规律：_____

史	无		例
名	列		茅
痛	改		非
锦	绣		程
尽	释		嫌

畏	缩	不	
裹	足	不	
停	滞	不	
一	往	无	
勇	往	直	

规律：_____

规律：_____

79

成语总动员

请选择适当的方位词填入下列方框内,并使其符合一定的规律。

	倒		歪
	张		望
	拉		扯
	摇		摆
	奔		走
	躲		藏

规律:含有_____的成语

	辕		辙
	腔		调
	征		战
天		海	
天		地	
走		闯	

规律:含有_____的成语

 请用合适的字词把下面三组成语补充完整，并找找它们的规律。

	争		恐	
		斩		奏
		人		己
		来		到
		礼		兵

规律：全是含有_____的成语

	流	砥	柱
雪		送	炭
空		楼	阁
急		生	智
正		下	怀

规律：全是含有_____的成语

驰	名		
权	倾		
古	今		
	强		干
秀		慧	

规律：全是含有_____的成语

成语总动员

请将下面两组成语补充完整。

	若	无	人
责	无		贷
触	类		通
耳	不		听
袖	手		观
心	无		鹜
	观	者	清
	征	博	引

	右	开	弓
	顾	右	盼
	思	右	想
	右	逢	源
虚		以	待
	右	为	难
	邻	右	舍
	拥	右	抱

得心应手

在括号里填上相应的汉字，组成成语，使下面的等式成立。

（　）山再起
+ 中（　）合璧
————————
（　）奔（　）走

（　）柯一梦
+ 泰山（　）斗
————————
（　）腔（　）调

（　）车之鉴
+ （　）继有人
————————
（　）无古人，
（　）无来者

掌（　）明珠
+ （　）里巴人
————————
不相（　）（　）

力争（　）游
+ 甘拜（　）风
————————
七（　）八（　）

笑（　）藏刀
+ 喜出望（　）
————————
（　）应（　）合

（　）若无人
+ （　）思右想
————————
（　）门（　）道

一日千（　）
+ 置之度（　）
————————
吃（　）爬（　）

成语总动员

请将下面成语补齐，并使每组括号内的汉字构成一对反义词。

付之（　）流　　中（　）合璧

（　）柯一梦　　泰山（　）斗

（　）倒（　）歪　　天（　）地（　）

（　）无古人　　（　）继有人

左思（　）想　　旁门（　）道

锦（　）添花　　双管齐（　）

至（　）无上　　（　）三下四

九霄云（　）　　死（　）逃生

（　）上人间　　天南（　）北

 看图猜成语。

（　）上（　）子

（　）上添（　）

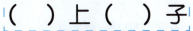

（　）圆（　）方

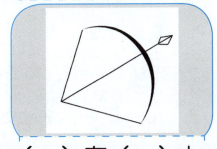

（　）在（　）上

（　）中送（　）

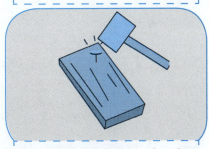

（　）上（　）钉

（　）上（　）名

（　）足（　）前

 请将下面的成语填入相应的空白处，使其构成一个完整的句子。

> 空前绝后　板上钉钉　争先恐后
> 七上八下　前功尽弃　承上启下　蒸蒸日上
> 东张西望　雪中送炭　不耻下问

1. 我的心里_____的，担心自己没考好。

2. 下课铃一响，同学们_____地跑到操场。

3. 我一定要坚持到最后，否则就_____了。

4. 那个人老是在教室门口_____的，不知道在找谁。

5. 小刚这次考年级第一是_____的事。

6. 这一句在段落中起_____的作用。

7. 这场雨对农民伯伯来说可真是_____啊。

8. 我们祝福祖国能够_____，更加繁荣富强。

9. 这是一场_____的灾难。

10. 老师经常告诉我们：要有_____的精神。

 请为左边的词选择合适的成语来形容。

小偷	南征北战
战士	对症下药
学子	花前月下
医生	东张西望
老人	寿比南山
女子	秀外慧中
仆人	榜上有名
恋人	鞍前马后

 成语总动员

 成语归类。

外圆内方	怒火中烧	声泪俱下	落井下石
勇往直前	虚怀若谷	左顾右盼	笑里藏刀
东摇西摆	胆小怕事	喜出望外	胆大心细
造谣中伤	挑拨离间	泪如雨下	横冲直撞

 表示情绪的成语：

 表示性格的成语：

 表示动作的成语：

 表示不良品质的成语：

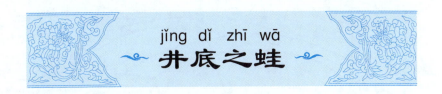

jǐng dǐ zhī wā
井底之蛙

一口废井里住着一只青蛙。这只青蛙很满足于现状，总觉得自己是世界上最幸福的青蛙。可是有一天，它的这种幸福感却被一只海龟打破了。

这一天，青蛙看到井边来了一只大海龟。青蛙就对海龟夸口说："你看，我住在这里多快乐！有时兴奋了，就沿着井底跳跃一阵；倦怠了，就在砖洞里睡一会儿；或者只露出头和嘴巴，安安静静地把全身泡在水里；或者在软绵绵的泥浆里散一会儿步，也很舒适。看看那些虾和蝌蚪，谁也比不上我。而且，我是这口井的主人，在这井里非常自由，你为什么不常到井里来游玩呢？"

那海龟听了青蛙的话，倒真想进去看看。但它的一只脚还没有伸进去就被井壁上的石头给绊住了。它看了看小小的井口，连忙后退了两步，心想：青蛙之所以觉得井底生活很美好，是因为它没有见过广阔的大海，所以它就对青蛙说："你看过海吗？海的广大，

成语总动员

哪止千里;海的深度,何止千丈!古时候,十年有九年大水,海里的水,并不见涨了多少;后来,八年里有七年大旱,海里的水,也不见浅了多少。可见大海是不受旱涝影响的。住在那样的大海里,才是真正的自由快活呢!"

青蛙听了海龟的一番话,吃惊地呆在那里,再没有话可说了。

第六单元

色彩缤纷

根据拼音，将成语填入下列空白处。

bái shǒu qǐ jiā	bái jū guò xì
hēi bái fēn míng	bái lǐ tòu hóng
bái miàn shū shēng	bái yún qīng shè
píng bái wú gù	bái rì zuò mèng
bái tóu xié lǎo	bù bái zhī yuān
jié bái wú xiá	yáng chūn bái xuě
diān dǎo hēi bái	chún hóng chǐ bái
zhēn xiàng dà bái	yì qīng èr bái
yì qióng èr bái	qīng hóng zào bái

成语总动员

hóng zhuāng sù guǒ	hóng yán bó mìng
chuān hóng zhuó lǜ	miàn hóng ěr rè
hóng dòu xiāng sī	jìn mò zhě hēi

chì zǐ zhī xīn	chì dǎn zhōng xīn
miàn hóng ěr chì	dēng hóng jiǔ lǜ
dà hóng dà lǜ	táo hóng liǔ lǜ

yī zǐ yāo jīn	chà zǐ yān hóng
wàn zǐ qiān hóng	jīn wú zú chì
lǜ féi hóng shòu	lǜ yè chéng yīn

| lù lín hǎo hàn | lǜ cǎo rú yīn |

| lǜ shuǐ qīng shān | bái shǒu zhī xīn |

| hóng nán lǜ nǚ | qīng méi zhú mǎ |

| qīng huáng bù jiē | qīng yún zhí shàng |

| qīng chū yú lán | qīng shān lǜ shuǐ |

| qīng shǐ liú míng | píng bù qīng yún |

| míng chuí qīng shǐ | lú huǒ chún qīng |

| jí chi bái liǎn | wàn gǔ cháng qīng |

| huáng páo jiā shēn | huáng liáng yí mèng |

成语总动员

huáng dào jí rì

fēi huáng téng dá

rén lǎo zhū huáng

huī xīn sàng qì

huī fēi yān miè

xīn huī yì lěng

xīn rú sǐ huī

wǔ cǎi bīn fēn

yì tuán qī hēi

hēi dēng xiā huǒ

hūn tiān hēi dì

miàn huáng jī shòu

xìn kǒu cí huáng

zǐ qì dōng lái

bái wū hán mén

huī tóu tǔ liǎn

wàn niàn jù huī

wǔ cǎi bān lán

jīn bì huī huáng

huáng juàn qīng dēng

yuè hēi fēng gāo

qǐ zǎo tān hēi

cāng cuì yù dī

xuàn lì duō cǎi

wǔ guāng shí sè

bái zhǐ hēi zì

míng rì huáng huā

bái hóng guàn rì

yóu tóu fěn miàn

pī hóng dài huā

bái xuě ái ái

cāng bái wú lì

mǎn miàn hóng guāng

chéng huáng jú lǜ

fěn mò dēng chǎng

fěn shēn suì gǔ

fěn shì tài píng

chì shǒu kōng quán

chì bó shàng zhèn

qīng shān bù lǎo

fěn bái dài hēi

hēi tiān bái rì

成语总动员

趁热打铁

请将下面的成语空缺补齐,并找找它们各自的规律。

□手起家
洁□无瑕
阳春□雪
青红皂□

规律：_____

□出于蓝
鼻□脸肿
平步□云
炉火纯□

规律：_____

□雀在后
面□肌瘦
明日□花
信口雌□

规律：_____

□白分明
月□风高
白纸□字
起早摸□

规律：_____

□妆玉砌
红□佳人
油头□面
擦脂抹□

规律：_____

 请用合适的颜色词填空。

青　黄　粉　黑

○梅竹马　　○饰太平

明日○花　　○面朱唇

一团漆○　　昏天○地

○袍加身　　○梁一梦

○云直上　　青○不接

○灯瞎火　　○身碎骨

成语总动员

颜色接龙。请在下面的空白处填上表示颜色的词，使成语成立。

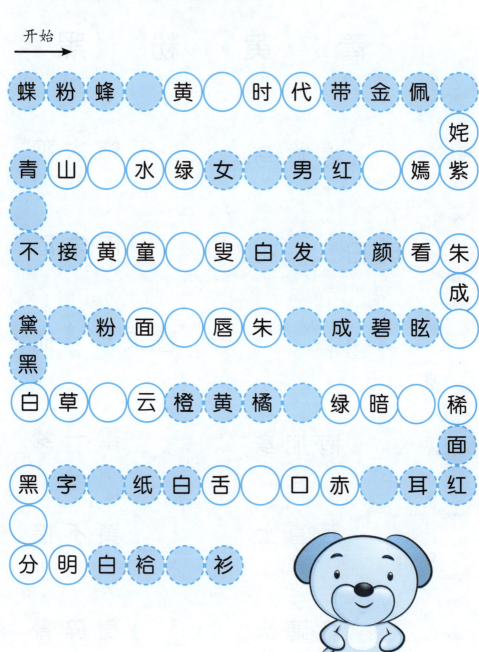

 在下面的方框内涂上对应的颜色，使成语成立。

☐ 白分明　　　唇☐ 齿白

桃红柳☐　　　☐ 云直上

☐ 道吉日　　　青出于☐

☐ 墨登场　　　☐ 碧辉煌

☐ 黄橘绿　　　☐ 气东来

成语总动员

根据颜色调配原理，在下面填上合适的颜色词，使等式成立。

满面 ◯ 光
+ 飞 ◯ 腾达
―――――
◯ 黄橘绿

白袷 ◯ 衫
+ ◯ 装素裹
―――――
姹 ◯ 嫣红

◯ 气东来
+ 面 ◯ 耳赤
―――――
万 ◯ 千 ◯

◯ 杏出墙
+ ◯ 璧无瑕
―――――
擦脂抹 ◯

◯ 梁一梦
+ 青出于 ◯
―――――
◯ 林豪杰

阳春 ◯ 雪
+ 昏天 ◯ 地
―――――
吹 ◯ 之力

◯ 叶成荫
+ 炎 ◯ 子孙
―――――
◯ 衣 ◯ 里

满面 ◯ 光
+ ◯ 灯瞎火
―――――
◯ 头偕老
◯ 衣蔬食

 找出下面成语的近义词。

> 流芳百世　灰心丧气　无缘无故
> 百年好合　一贫如洗　一步登天　黑白混淆
> 富丽堂皇　登峰造极　万紫千红

成语	近义词
白头偕老	
平白无故	
颠倒黑白	
一穷二白	
姹紫嫣红	
炉火纯青	
名垂青史	
金碧辉煌	
心灰意冷	
飞黄腾达	

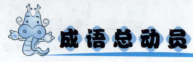

成语归类。

眉清目秀　人老珠黄　青山绿水
桃红李白　白面书生　粉白黛黑　红装素裹
阳春白雪　面黄肌瘦　白雪皑皑

描述景色的成语：

描述人物体貌特征的成语：

 成语搭配。

脸蛋	绿草如茵
夫妻	绿叶成荫
穷人	青黄不接
美人	金碧辉煌
花朵	桃红柳绿
草地	艳如桃李
庄稼	一穷二白
宫殿	红颜薄命
树木	白头偕老
春天	姹紫嫣红

 根据描述猜成语。

1. 形容官场得意,步步高升。
2. 人看起来又黄又瘦,形容营养不良。
3. 形容树木翠绿得似乎要滴出水一般。
4. 每天起得早,睡得晚。
5. 形容彻底断了念头。
6. 形容业绩突出,永远被后人纪念。
7. 靠近好人就会变成好人。
8. 把黑当作白,把白当作黑。
9. 洁白得没有一点瑕疵。
10. 大山全都被雪覆盖了。

名垂青史　洁白无瑕
近朱者赤　黑白颠倒　白雪皑皑
飞黄腾达　苍翠欲滴　万念俱灰
起早贪黑　面黄肌瘦

请找出下面句子中的成语，用曲线标出来，并给出解释。

1. 时间过得真快，白驹过隙一般。
   解释：

2. 那个富翁以前一穷二白，后来终于致富了。
   解释：

3. 我的性格很腼腆，只要别人一说我，我就会面红耳赤。
   解释：

4. 我们不能让好人蒙受不白之冤。
   解释：

5. 包拯为官清廉，一直都是一清二白的。
   解释：

6. 这里到处是青山绿水，风景很美。
   解释：

7. 我和小刚从小青梅竹马，关系一直很好。
   解释：

8. 他的棋艺已经到了炉火纯青的地步。
   解释：

9. 妈妈每天起早贪黑地赚钱供我读书。
   解释：

10. 暴风雨来临时，到处昏天黑地的。
    解释：

成语总动员

找出下面成语中的错别字，并将正确答案填入后面括号内。

成语	正确字
白头皆老	（　　）
洁白无暇	（　　）
黑白颠到	（　　）
一青二白	（　　）
红装素菓	（　　）
诧紫嫣红	（　　）
绿草如荫	（　　）
炉火垂青	（　　）
一团膝黑	（　　）
金壁辉煌	（　　）

成语故事

huáng liáng yí mèng
黄粱一梦

唐朝时期,有一个书生叫卢生。一年,他上京赶考,途中在邯郸的旅馆里投宿,遇到一个叫吕翁的道士,并向他感慨人生的穷困潦倒。吕翁听后,神秘地从衣囊中取出一个枕头给卢生,说:"你晚上睡觉时就枕着这个枕头,保你做梦称心如意。"

卢生好奇地接过枕头,回到房间里。这时天色已晚,店主人已经开始煮起了黄米饭。卢生觉得很困乏,便按照道士的说法,枕着枕头躺下休息了一会儿,很快,他便睡着了。这时,他梦见自己回到家中,几个月后,便娶了一个清河的崔氏女子为妻,妻子十分漂亮。后来他自己开始做起了生意,钱也慢慢多了起来,卢生感到十分喜悦。不久后他又中了进士,还被多次提拔,做了节度使。一年,边界发起了战争,他便带领军队去边界征战,结果大破戎虏之兵凯旋,被皇上提拔为宰相,于是一直做了十多年的宰相。他先后生了五个儿子,个个都做了官,取得了功

成语总动员

名,后又有了十几个孙子,成为天下的一大家族,拥有享不尽的荣华富贵。然而到了80多岁时,他得了重病,十分痛苦,眼看就要死了,这时,他突然惊醒,这才知道,方才不过是一场梦而已。

这时,店主煮的黄米饭还未熟。卢生感到十分奇怪,便跑去问那道士:"这究竟是一场梦还是在暗示我什么呢?"吕翁听了便说:"人生的归向,不就是这样吗?"

经过这一梦,卢生突然大彻大悟了。

后人便用"黄粱一梦"来形容虚幻的、不能实现的梦想。

第七单元

人物动作

小试牛刀

根据拼音写成语。

jiàn bù rú fēi	dī tóu hā yāo
zuò lì bù ān	qīng ěr xì tīng
míng sī kǔ xiǎng	bù lǚ pán shān
dōng bēn xī pǎo	mù bù zhuǎn jīng
wā kōng xīn sī	dà bù liú xīng
lián bèng dài tiào	mǎi dú huán zhū
dào tīng tú shuō	fēi yán zǒu bì
dōng táo xī cuàn	nù mù ér shì
dà yáo dà bǎi	héng chōng zhí zhuàng

zuǒ	gù	yòu	pàn		dōng	zhāng	xī	wàng

fēi	shā	zǒu	shí		bēn	zǒu	hū	háo

jǐ	méi	nòng	yǎn		yáo	qí	nà	hǎn

shàng	cuàn	xià	tiào		zhān	qián	gù	hòu

jí	mù	yuǎn	tiào		dōng	dǎo	xī	wāi

hǔ	shì	dān	dān		liú	xīng	gǎn	yuè

dòng	rú	tuō	tù		hǎn	yuān	jiào	qū

jī	fēi	dàn	dǎ		tòng	kū	liú	tì

kū	kū	tí	tí		qì	bù	chéng	shēng

wǔ	wén	nòng	mò		chuí	xiōng	dùn	zú

háo	táo	dà	kū		bào	tóu	tòng	kū

kū tiān hǎn dì

pò tì wéi xiào

yān rán yí xiào

shǒu wǔ zú dǎo

zhāng yá wǔ zhǎo

zhuā ěr náo sāi

miàn miàn xiāng qù

xī pí xiào liǎn

duì dá rú liú

tán xiào fēng shēng

gāo tán kuò lùn

kuā kuā qí tán

huā yán qiǎo yǔ

xīn jīng ròu tiào

diào bīng qiǎn jiàng

dǐng tiān lì dì

méi fēi sè wǔ

áng shǒu tǐng xiōng

chuí tóu sàng qì

dà jīng shī sè

nù fà chōng guān

zǒu mǎ guān huā

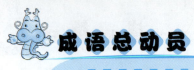

成语总动员

huān hū què yuè

cù xī tán xīn

bēn zǒu xiāng gào

xǐ xiào yán kāi

xuán liáng cì gǔ

cháng xū duǎn tàn

tūn tūn tǔ tǔ

qiè qiè sī yǔ

liàng liàng qiàng qiàng

yáo yáo bǎi bǎi

zhuō jīn jiàn zhǒu

fú lǎo xié yòu

qián fǔ hòu yǎng

bá shān shè shuǐ

dāi ruò mù jī

yǎn ěr dào líng

fān shān yuè lǐng

tōu tōu mō mō

bào tóu shǔ cuàn

lā lā chě chě

zhǐ shǒu huà jiǎo

bèn niǎo xiān fēi

tiāo féi jiǎn shòu	kè zhōu qiú jiàn
shā jī jǐng hóu	téng yún jià wù
huà lóng diǎn jīng	wǔ tǐ tóu dì
lè bù sī shǔ	ài wū jí wū
jǔ shǒu zhī láo	mó quán cā zhǎng

ǒu xīn lì xuè	lín zhèn mó qiāng
gū gū zhuì dì	jī quǎn shēng tiān
duì niú tán qín	diào hǔ lí shān
shǒu zhū dài tù	dǎ cǎo jīng shé
zhāo bīng mǎi mǎ	yuè yuè yù shì

成语总动员

趁热打铁

叠词声声。
请选择合适的词把下列成语补充完整。

吞吞　哭哭　躲躲　夸夸　眈眈　窃窃
摸摸　扯扯　面面　兢兢　摇摇　跟跟

虎视　_____　　　　_____　私语

_____　啼啼　　　　_____　闪闪

_____　相觑　　　　_____　跄跄

_____　其谈　　　　拉拉　_____

_____　吐吐　　　　_____　摆摆

偷偷　_____　　　　战战　_____

 请在下列空白处填入相应的汉字，并找一找它们有什么规律。

规律：所填汉字规律_____

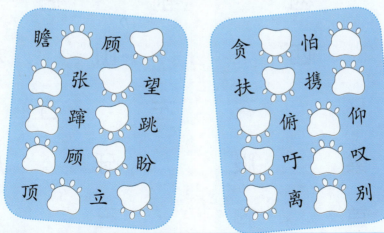

规律：所填汉字规律_____

成语总动员

 请为下面的成语选择合适的词填空。

张 舞 昂 挺 舍 为 偷 摸 哭 啼
抱 窜 思 想 拉 扯 奔 跑 俯 仰
捶 顿 惊 跳 倾 听 吁 叹 闻 舞
张 望 跋 涉 走 观 顾 盼 悬 刺

	胸		足		心		肉
	耳	细			长		短
	鸡	起				头	鼠
冥		苦				拉	扯
东		西			前		后
东		西				山	水
	马		花		左		右
	梁		股			牙	爪
	首		胸			己	人
	偷	摸			哭		啼

 请用身体部位的词把成语补充完整。

睛 牙 心 发 股 眉 耳 皮 颜 胸
脚 目 头 身 眼 腮 面 手 口 眉

定○一看
悬梁刺○
口○相传
笨手笨○
怒○而视

怒○冲冠
挤○弄眼
昂首挺○
○明手快
惊○肉跳

张○舞爪
抓耳挠○
面○相觑
○舞足蹈
嬉○笑脸

喜笑○开
○若悬河
○飞色舞
垂○丧气
奋不顾○

成语总动员

请用表示动作的词把下列成语补充完整，并找一找它们的规律。

手	□	足	蹈
张	牙	□	爪
眉	飞	色	□
□	文	弄	墨
长	袖	善	□

健	步	如	□
笨	鸟	先	□
比	翼	双	□
□	檐	走	壁
蛾	□	扑	火

规律：全是含有_____的成语

规律：全是含有_____的成语

号	啕	大	□
鬼	□	狼	嚎
痛	□	流	涕
长	歌	当	□
猫	□	老	鼠

规律：全是含有_____的成语

 成语归类。

掩耳盗铃　提心吊胆　自言自语
风驰电掣　促膝长谈　守株待兔
笑逐颜开　买椟还珠　对答如流
电光石火　坐立不安　眼疾手快
眉飞色舞　欢呼雀跃　心惊肉跳

表示速度的成语：

表示说话的成语：

表示典故的成语：

表示担心的成语：

表示喜悦的成语：

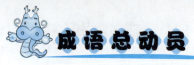

 看图猜成语。

（　）梁（　）股

（　）马（　）花

窃窃（　）（　）

（　）发（　）冠

（　）地（　）牢

（　）苗助（　）

手（　）足（　）

（　）薪（　）胆

 真假宝石。

下面的宝石只有一颗是真的，请你把它挑出来。

健 步如飞 / 建	洗 耳恭听 / 冼
飞檐走 壁/壁	履 步轻盈 / 覆
瞻 前顾后 / 檐	驰 风 电掣 / 弛
捶 胸顿足 / 锤	啕 号 大哭 / 陶
悬 梁 刺股 / 梁	得意忘 形 / 行

成语总动员

配钥匙。

请把左右两边意思相近的成语连起来。

张牙舞爪	交头接耳
呆若木鸡	夸夸其谈
跃跃欲试	电光石火
呕心沥血	鞠躬尽瘁
左顾右盼	飞扬跋扈
风驰电掣	呆头呆脑
口若悬河	东张西望
奋不顾身	蠢蠢欲动
窃窃私语	唉声叹气
长吁短叹	舍生忘死

请找出下面句子中的成语，用曲线画出来，并写一写它的释义。

1. 他的口才很好，讲起话来总是滔滔不绝的。
   释义：_____

2. 地震夺去了很多生命，到处都是哭天喊地的声音。
   释义：_____

3. 爷爷今年70多岁了，可走起路来还是健步如飞。
   释义：_____

4. 夜幕降临了，大家屏住呼吸，蹑手蹑脚地向城外走去，生怕被敌人发现。
   释义：_____

5. 乌鸦被狐狸用花言巧语给骗了。
   释义：_____

6. 动物园里的老虎张牙舞爪的，很是可怕。
   释义：_____

7. 这次考试没考好，我的心里一直忐忑不安。
   释义：_____

8. 要培养好的站姿，就应当时刻保持昂首挺胸。
   释义：_____

9. 花花看书看得很快，简直是一目十行。
   释义：_____

10. 老师讲的笑话真好笑，同学们个个笑得前俯后仰的。
    释义：_____

成语总动员

根据描述猜成语。

怒发冲冠　飞檐走壁　动若脱兔　东张西望　捶胸顿足
挖空心思　奋不顾身　道听途说　厚颜无耻　促膝谈心

大侠在屋顶上飞来飞去。	
东看看，西瞧瞧。	
把心里的办法全部挖出来了。	
在半路上听别人说的小道消息。	
动起来像挣脱怀抱的兔子一样活跃。	
懊悔而不断地捶打胸部，使劲跺脚。	
愤怒得头发都把帽子顶起来了。	
为了救人把自己的生命置之度外。	
膝盖和膝盖贴在一起交谈。	
脸皮厚得不知道羞耻。	

成语故事

对牛弹琴
duì niú tán qín

　　传说在很久以前,有一位名叫公明仪的大音乐家。他对音乐有很高的造诣,弹得一手好琴,优美的琴声常使人如临其境。

　　公明仪有一个习惯,就是每逢好天气心情就特别舒畅,常常把琴带到郊外去演奏。有一天,风和日丽,他带着琴出外郊游。他兴致勃勃地来到一条长堤上,摆好琴准备弹奏一番,可堤上什么人也没有,弹给谁听呢?公明仪不禁有些扫兴。这时一阵微风吹来,拂动垂柳,垂柳旁有一头黄牛正在低头吃草,还悠闲地摆着尾巴。身旁流水淙淙,远处隐约传来牧童悠扬的笛声。"真乃诗情画意,美不胜收呀!"公明仪沉浸在此情此景中,一时便来了雅兴,想为牛弹奏一曲。

　　于是,他弹奏了一曲高深的"清角之操",尽管他弹得非常认真,琴声也优美极了,可是那牛却依然如故,只顾低头吃草,根本不理会这悠扬的琴声。公明仪很生气,他静静观察思考后,明白了那牛并不是听

成语总动员

不见琴声,而是不懂得曲调高雅的"清角之操"。于是,公明仪又弹了一曲通俗的乐曲,那牛听到好像蚊子、牛蝇、小牛叫声的琴声后,停止了吃草,竖起耳朵,好像在很专心地听着。公明仪高兴极了,他感慨道:原来不能怪牛听不懂琴声,而是自己不了解牛的秉性啊!

后来人们就用"对牛弹琴"这个典故来讥笑听话的人不懂对方说的是什么。也用这个成语来讽刺说话的人不看对象。

第八单元

心情转盘

小试牛刀

根据拼音，将成语填到下列空白处。

dà xǐ guò wàng	xīn píng qì hé
píng xīn jìng qì	bào tiào rú léi
xīn yǒu yú jì	jīng hún wèi dìng
xīn ān lǐ dé	xīn rú dāo gē
xīn rú sǐ huī	xīn chí shén wǎng
xīn kuàng shén yí	xīn luàn rú má
xīn shén bú dìng	xīn shén huǎng hū
xīn yuè chéng fú	xīn jīng ròu tiào
xīn huā nù fàng	xīn fán yì luàn

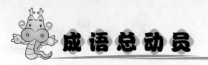

成语总动员

xīn jīng dǎn zhàn	xīn yuán yì mǎ
xīn cháo péng pài	lè bù kě zhī
bǎi gǎn jiāo jí	gǎn kǎi wàn qiān
huān tiān xǐ dì	huān xīn gǔ wǔ
bēi tòng yù jué	yōu xīn rú fén
yōu xīn chōng chōng	mèn mèn bú lè
xīn xǐ ruò kuáng	róu cháng cùn duàn
huǐ hèn jiāo jiā	xǐ bú zì shèng
xǐ chū wàng wài	fèn fèn bù píng
bēi xǐ jiāo jí	tí xīn diào dǎn
tòng bú yù shēng	tòng xīn jí shǒu

tòng kuài lín lí

tòng kū liú tì

yì fèn tián yīng

dà jīng xiǎo guài

dà jīng shī sè

dà huò bù jiě

cóng róng bú pò

máo gǔ sǒng rán

xīn bú zài yān

liù shén wú zhǔ

tài rán zì ruò

mù dèng kǒu dāi

chǔ zhī tài rán

bàn xìn bàn yí

bì gōng bì jìng

zì yán zì yǔ

quán shén guàn zhù

xìng zhì bó bó

xìng gāo cǎi liè

dāi ruò mù jī

jiāng xìn jiāng yí

hán qíng mò mò

成语总动员

zuò wò bù ān

niǔ ní zuò tài

zhāng kǒu jié shé

chí yí bù jué

rěn jùn bù jīn

xìng zāi lè huò

ruò yǒu suǒ shī

hé yán yuè sè

chuí tóu sàng qì

yí rán zì dé

bó rán dà nù

chàng rán ruò shī

méi jīng dǎ cǎi

zhāng huáng shī cuò

jú cù bù ān

yǎ rán shī xiào

ruò wú qí shì

ruò yǒu suǒ sī

hé ǎi kě qīn

shòu chǒng ruò jīng

chéng huáng chéng kǒng

nǎo xiū chéng nù

xǐ ěr gōng tīng	jǔ zhǐ shī cuò
xiào zhú yán kāi	pěng fù dà xiào
shén sè zì ruò	shén cǎi fēi yáng
shén cǎi yì yì	shén sī huǎng hū
chóu méi bù zhǎn	méi fēi sè wǔ

méi kāi yǎn xiào	yān rán yí xiào
nù bù kě è	nù qì chōng tiān
nù huǒ zhōng shāo	nù fà chōng guān
pò tì wéi xiào	rè lèi yíng kuàng
āi shēng tàn qì	kū xiào bù dé

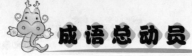

成语总动员

 趁热打铁

请选择合适的词将下面的成语补充完整。

笑　喜　悲　痛

哭流涕	乐极生
观厌世	谈 　 风生
哭 　 不得	悲 　 交集
大 　 过望	快淋漓
心疾首	慷慨 　 歌
不欲生	痛欲绝
欢离合	逐颜开
容可掬	不自胜
出望外	谈 　 自若
悲 　 欲绝	上眉梢

 请填入合适的汉字组成成语，并使下面的等式成立。

（　）神恍惚 ＋ 黯然（　）伤 ＝ （　）领（　）会

（　）悦诚服 ＋ 聚精会（　） ＝ （　）旷（　）怡

（　）惊肉跳 ＋ 六（　）无主 ＝ （　）（　）不宁

（　）花怒放 ＋ 全（　）贯注 ＝ （　）驰（　）往

（　）烦意乱 ＋ 炯炯有（　） ＝ （　）（　）恍惚

（　）惊胆战 ＋ （　）色自若 ＝ （　）（　）不定

（　）猿意马 ＋ （　）采飞扬 ＝ （　）到（　）知

（　）潮澎湃 ＋ （　）采奕奕 ＝ （　）照（　）交

（　）如刀割 ＋ （　）思恍惚 ＝ （　）荡（　）迷

133

成语总动员

请将合适的字填入下面几组成语中，并找一找它们的规律。

组一：
- [　] 不思蜀
- [　] 不可言
- 不亦 [　] 乎
- 长 [　] 未央
- [　] 不可支

特点归纳：

组二：
- 心花 [　] 放
- [　] 不可遏
- [　] 气冲天
- [　] 火中烧
- [　] 发冲冠

特点归纳：

组三：
- [　] 云惨淡
- [　] 眉不展
- [　] 眉苦脸
- 旧 [　] 新恨
- 多 [　] 善感

特点归纳：

 请把下面表示心情或情绪的成语补充完整，并说一说有什么规律。

____不乐	____欲绝
忧心____	____不平
含情____	____之心
兴致____	____相印
神采____	____不舍
得意____	____寡欢
____相觑	____自喜
____不舍	想入____
____不安	____不悦
____于怀	小心____

规律：_____

成语总动员

填上表示动作的词,把下面的心情成语补充完整。

○○如雷　　心惊○○

柔肠○○　　心烦○○

心如○○　　○○乐祸

○○吊胆　　○○万千

○○神往　　○○自若

○○口呆　　心潮○○

○○如麻　　欢欣○○

张口○○　　怒火○○

 成语归类。

> 忧心如焚　痛心疾首　怒气冲天
> 惊恐万状　勃然大怒　心惊胆战
> 悲痛欲绝　眉飞色舞　恼羞成怒
> 忧心忡忡　惊慌失措　愁眉苦脸
> 痛不欲生　喜出望外　喜不自胜

 表示喜悦的成语：

 表示惊慌的成语：

 表示愤怒的成语：

 表示痛苦的成语：

 表示忧愁的成语：

成语总动员

找出下面成语中的错别字,并将正确答案填在后面的方框内。

喜皮笑脸 ☐

得意羊羊 ☐

忧心冲冲 ☐

心悦城服 ☐

暗然神伤 ☐

焉然一笑 ☐

亚然失笑 ☐

含情默默 ☐

诚皇诚恐 ☐

欢心鼓舞 ☐

 根据描述猜成语。

心如刀割　自言自语　百感交集　痛不欲生　哭笑不得
大惊失色　暴跳如雷　呆若木鸡　欣喜若狂　面面相觑

形容愤怒到了极点。

心痛得像刀子割一样。

各种感觉交织在一起。

高兴得快要疯掉了。

形容痛苦到了极点。

惊吓得脸都变了颜色。

自己对自己说话。

呆呆的像个木偶一样。

你看看我，我看看你。

哭也不是，笑也不是。

成语总动员

成语搭配。

提心吊胆　悲痛欲绝　前俯后仰　心急如焚　七窍生烟

看得	
急得	
气得	
痛得	
吓得	
高兴得	
笑得	
忙得	
穿得	
伤心得	

眉飞色舞　心如刀割　全神贯注　手忙脚乱　光彩照人

 双胞胎。

请找出下面成语的近义词。

> 兴高采烈　忧心忡忡　和蔼可亲　愁眉苦脸
> 心不在焉　张口结舌　惊慌失措　聚精会神
> 怒火中烧　得意忘形

愁眉不展　　　　　　　哑口无言

全神贯注　　　　　　　和颜悦色

兴致勃勃　　　　　　　忧心如焚

惴惴不安　　　　　　　得意洋洋

心猿意马　　　　　　　怒气冲天

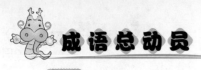

成语总动员

 选词造句。

> 全神贯注　没精打采　苦思冥想　和蔼可亲
> 心有余悸　幸灾乐祸　忧心忡忡　心潮澎湃
> 心猿意马　从容不迫

1. 我今天差点被车撞了，到现在还_____。

2. 校长这一席话讲得我们_____。

3. 小明整天_____的，很少见他笑过。

4. 面对敌人的严刑逼供，江姐表现得_____。

5. 我们正在_____地听老师讲课。

6. 我_____了一天，就是想不出好的办法。

7. 一听周末还要上课，同学们个个_____的。

8. 我们都很喜欢_____的王老师。

9. 我们要帮助有困难的同学，不能_____。

10. 上课要专心致志，不能_____。

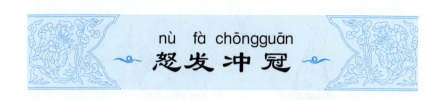

怒发冲冠

赵王得到一块稀世的璧玉。这块璧是春秋时楚人卞和发现的，所以称为和氏璧。不料，这件事被秦昭王知道了，便企图仗势把和氏璧据为己有。于是他假意写信给赵王，表示愿用15座城池来换这块璧。

赵国大臣商量后决定派一个有勇有谋的使者去秦国，有人推荐了蔺相如。赵王立即召见了他，并首先问他是否可以同意秦王的要求，用和氏璧交换15座城池。蔺相如说："秦国强，我们赵国弱，这件事不能不答应。"

但是赵王害怕秦王得到和氏璧后便反悔，蔺相如说："如果把璧送给秦王，他却不肯交城，那就是秦王无理。如果我们不肯答应他的要求，秦王很可能会以此作为借口来攻打赵国。两方面比较一下，宁可答应秦王的要求，让他承担不讲道理的责任。"

就这样，蔺相如便带着和氏璧出使秦国。秦王接过璧，非常高兴，看了又看，又递给左右大臣和嫔妃们传看，根本没有理会蔺相如。蔺相如见秦王如此傲慢无礼,早已非常愤怒,现在又只管传看和氏璧,根本没有交换城池的意思,便上前说道:"这璧上还有点小的毛病,请让我指给大王看。"

蔺相如把璧拿到手后,马上退后几步,靠近柱子站住。他极度愤怒,头发直竖,顶起帽子,激昂地说:"赵王和大臣们商量后,都认为秦国贪得无厌,想用空话骗取和氏璧,因而本不打算把璧送给秦国,赵王是因为听了我的意见,所以才斋戒了五天,派我送来。今天我到这里,大王没有在朝廷上接见我,拿到璧后竟又递给嫔妃们传观,当面戏弄我,所以我把璧取了回来。大王如要威逼我,我情愿把自己的头与璧一起在柱子上撞个粉碎!"秦王一看情况不妙,只得连声道歉,并答应斋戒五天后受璧。但蔺相如预料秦王不会交出城池,于是他私下让人把和氏璧送回了赵国。

第九单元
成语接龙

四词盘龙。

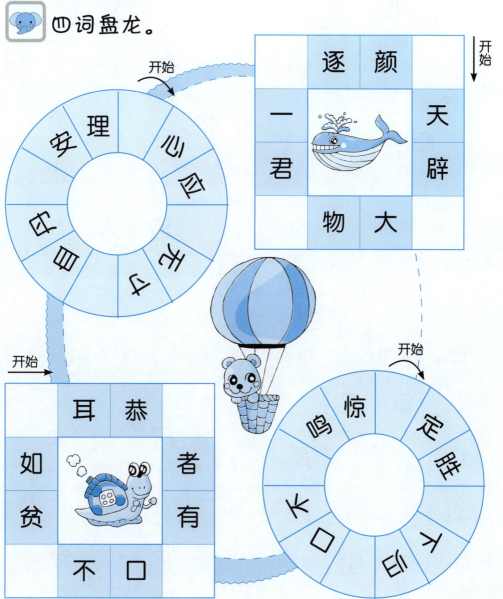

成语总动员

	重	如	
报			穷
恩			水
	皆	人	

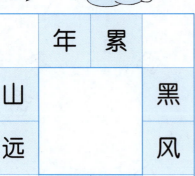

	年	累	
山			黑
远			风
	流	山	

 五词回宫龙。

得过且 目 不
在必得
逆意 所 乎

过仙杂七杂
杂口多
底捞下老

出 生 入
精 入 心
大 出 浅 塌
物 大

安 步 当
纸 下 水
然 安 相 马
虎 腾

成语总动员

生	龙	活	
呼		运	入
尾	生	而	羊
	无	龙	

立	时	三	
千		鸡	骨
字	立	独	铭
	不	口	

地	久	天	
辈		人	年
才	地	头	累
	老	下	

大	难	临	
事		扬	头
窗	大	光	是
	说	西	

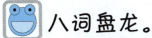 八词盘龙。

开始 →

	酒	当		功	颂	
成						高
双						望
无						于
大						泰
	不	生		水	高	

低 做 家 碧
诚 　 　 成
悦 　 　 其
开始 　 　 在
丹 　 　 人
寸 　 　
如 里 师 人

成语总动员

 双龙回宫。

成语总动员

大龙护小龙。

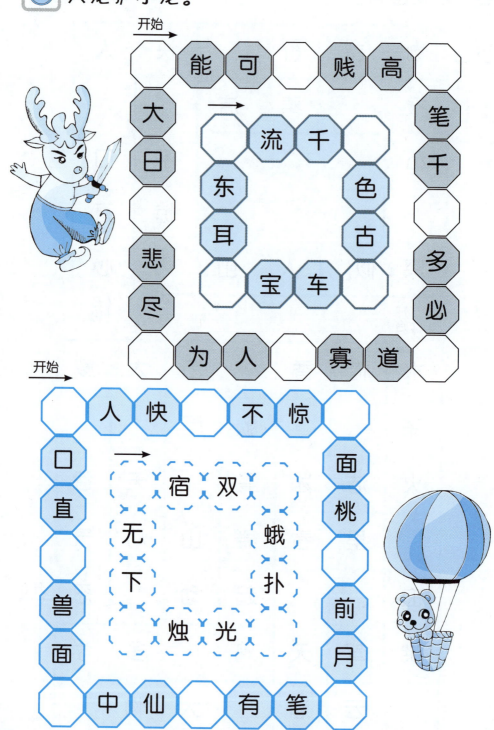

趁热打铁

 数字接龙。

	心	一	意				
	话	不	说				
		心	二	意			
			海	为	家		
				谷	丰	登	
				六	大	顺	
				窍	生	烟	
			面	玲	珑		
		九	归	一			
	全	十	美				

成语总动员

 数字接龙。

一帆风顺
二龙戏珠
三阳开泰
四季如春
五湖四海
六神不安
七手八脚
八仙过海
九牛一毛
十面埋伏

 数字接龙。

	中	滋	味			
	指	连	心			
	依	百	顺			
	奇	百	怪			
		事	如	意		
			火	急		
		雄	狮			
	买	邻				
斯	年					

 生肖接龙。

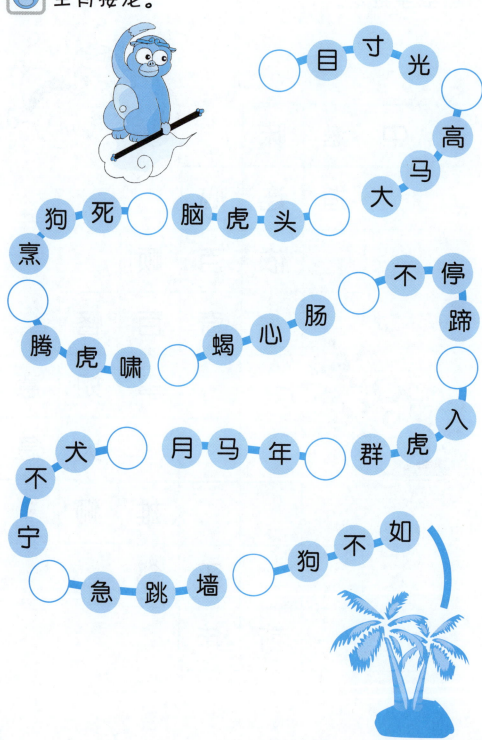

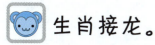 生肖接龙。

开始 → ☐ 肚 鸡 肠 ☐ 头 猴 脑 ☐ 犬 升 天 ☐ 尾 续 貂 ☐ 卑 狗 险 ☐ 道 小 肠 ☐ 功 成 到 ☐ 吞 鲸 食 ☐ 神 精 马 ☐ 沉 乌 起 ☐ 尾 蛇 头 ☐ 面 马 头 ☐

成语总动员

双龙戏珠。

左龙：人面兽心 → 人面 / 兽口 / 口不 / 不当 / 当人 / 人后 / 后溺 / 溺己 / 己事 / 事不 / 不了 / 了草 / 草异 / 异花 / 花成 / 成腐 / 腐古 / 古不 / 不择

右龙：人面桃红 / 红柳 / 柳青 / 青水 / 水清 / 清水 / 水外 / 外慧 / 慧拉 / 拉拉 / 拉稀 / 稀庸 / 庸之 / 之明 / 明星 / 星累 / 累年 / 年尽 / 尽途

 一二三四方阵。

	了	百	了
举		反	三
略	知		二
始	终	如	

	车	之	鉴
瞻		顾	后
痛	改		非
勇	往	直	

	龙	戏	珠
不		法	门
三	心		意
独	一	无	

	阳	开	泰
丢		落	四
狡	兔		窟
举	一	反	

成语总动员

一二三四方阵。

千钧一发
成千上万
千言万语
气象万千

万众一心
十万火急
一本万利
千千万万

一寸光阴
十年同穴
抱头鼠窜
胆小如鼠

虎背熊腰
调虎离山
豺狼虎豹
如狼似虎

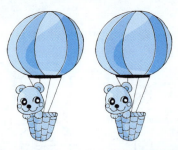

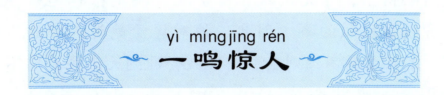

一鸣惊人

战国时期，齐国有一个名叫淳于髡的人，口才非常好。当时齐国的威王，本来是一个很有才智的君主，但是，在他即位以后，却沉迷于酒色，不管国家大事，每日只知饮酒作乐，而把一切正事都交给大臣去办理。因此，朝政混乱，官吏们贪污失职，再加上各国的诸侯也都趁机来侵犯，使得齐国日益衰弱。一些爱国的人虽然都很担心，但是都因为畏惧齐威王，所以没有人敢出来劝谏。

其实齐威王是一个很聪明的人，虽然他不喜欢听别人的劝告，但如果劝告得法，他还是会接受的。淳于髡知道这点后，便想了一个计策，准备找个机会来劝告齐威王。

有一天，淳于髡见到了齐威王，就对他说："大王，微臣有一个谜语想请您猜一猜：齐国有只大鸟，住在大王的宫廷中，已经整整三年了，可是它既不振翅飞翔，也不发出鸣叫，只是毫无目的地蜷缩着，大

王您猜,这是一只什么鸟呢?"

齐威王一听就知道淳于髡是在讽刺自己像那只大鸟一样,身为一国之尊,却毫无作为,只知道享乐。他突然醒悟了,于是沉默了一会儿,决定振作起来,做一番轰轰烈烈的事。因此,他对淳于髡说:"你不知道,这只大鸟不飞则已,一飞就会冲到天上去;它不鸣则已,一鸣就会惊动众人,你慢慢等着瞧吧!"

从此齐威王不再沉迷于饮酒作乐了,而开始整顿国事。首先他召见全国的官吏,尽忠负责的,就给予奖励;腐败无能的,则加以惩罚。结果全国上下很快就振作起来,到处充满了蓬勃的朝气。

另一方面,他也着手整顿军事,加强武力。各国诸侯听到这个消息以后也都不敢再来侵犯了。齐威王的这一番作为,真可谓是"一鸣惊人"呀!

后来,人们便把"一鸣惊人"这句成语用来比喻平时没有特殊的表现,一干就有惊人的成绩。

第十单元
成语辨析和运用

 请为下面括号内的多音字注音。

一了百（了）

四脚（朝）天

丢三（落）四

十面（埋）伏

千回百（转）

一马（当）先

颠三（倒）四

（空）无一人

一针见（血）

千钧一（发）

成语总动员

请为下面的词选择合适的反义词。

心灵手巧　　妻离子散　　虚怀若谷
一心一意　　两全其美　　愁眉苦脸
谨小慎微　　口若悬河　　枯枝败叶

两败俱伤　——　

三心二意　——　

笑逐颜开　——　

笨手笨脚　——　

骨肉团圆　——　

小肚鸡肠　——　

草率从事　——　

枝繁叶茂　——　

哑口无言　——

 请在下面空白处填入相应的近义词。

四通八达　四面楚歌　七上八下
一路顺风　心口如一　略知皮毛
六神无主　独一无二　五颜六色

一路平安 ——
四面八方 ——
四面受敌 ——
表里一致 ——
略知一二 ——
举世无双 ——
五彩缤纷 ——
六神不安 ——
忐忑不安 ——

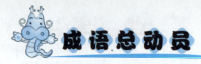

成语总动员

 形近字辨析。

请在下列形近字中选择一个合适的汉字,组成正确的成语。

得意忘（形）
　　　（行）

两（肋）插刀
　（助）

（恻）隐之心
（侧）

（瞠）目结舌
（膛）

一张一（弛）
　　　（驰）

忧心（忡忡）
　　（冲冲）

驰（聘）疆场
　（骋）

刚（腹）自用
　（愎）

明（辩）是非
　（辨）

投笔从（容）
　　　（戎）

 八字成语。
请将下面的八字成语补齐。

_____ ⌇ 始于足下

一夫当关 ⌇ _____

十年树木 ⌇ _____

千里之堤 ⌇ _____

一叶障目 ⌇ _____

_____ ⌇ 种豆得豆

_____ ⌇ 驷马难追

前人栽树 ⌇ _____

_____ ⌇ 一波又起

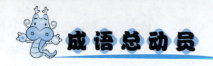

天网恢恢	
	时不再来
不入虎穴	
	勿施于人
	不长一智
	各显神通
江山易改	
当局者迷	
三十六计	

 把右边的叠词成语补充完整，再与左右两边对应的词语连起来。

教室			☐☐ 忙忙
群山			安安 ☐☐
路人			☐☐ 叠叠
口袋			☐☐ 续续
走路			鼓鼓 ☐☐
琴声			吞吞 ☐☐
坐姿			慌慌 ☐☐
说话			☐☐ 正正
眼神			☐☐ 闪闪

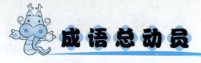

 把右边的成语补充完整，再与左右两边对应的词语连起来。

说得	虎 □ 虎脑
站得	有 □ 有色
装修得	无 □ 无踪
长得	毕 □ 毕敬
跑得	古 □ 古香
画得	怪 □ 怪样
打扮得	活 □ 活现
赶得	大 □ 大摆
做得	倾 □ 倾城
美得	没 □ 没夜
走得	有 □ 有眼

成语填空。

请选择合适的成语填入下面句子中。

金碧辉煌　山清水秀　奋不顾身　热泪盈眶　大惊小怪　面面相觑　绚丽多彩　勃然大怒　雷厉风行　泰然自若

1. 读到邱少云的事迹时，同学们都被感动得＿＿＿＿＿的。
2. 花瓶掉在地上碎了，我和弟弟＿＿＿＿＿，不知如何是好！
3. 每次考试不及格，我最怕见到的就是爸爸＿＿＿＿＿的样子。
4. 小亮成绩好没什么＿＿＿＿＿的，因为他很努力。
5. 他遇事总是＿＿＿＿＿，一点也不惊慌。
6. 我们要学习革命先烈＿＿＿＿＿的精神。
7. 王老师是个做事＿＿＿＿＿的人，说做就做。
8. 小明家的房子装修得＿＿＿＿＿，像宫殿似的。
9. 我们的课外生活＿＿＿＿＿。
10. 这里＿＿＿＿＿，风景宜人。

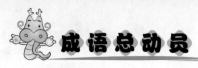

成语总动员

 造句。

请用下面的成语造句。

青黄不接——

守口如瓶——

肝肠寸断——

得心应手——

别出心裁——

移花接木——

爱屋及乌——

画蛇添足——

九霄云外——

披荆斩棘——

 根据歇后语猜成语。

- 哑巴吃黄连
- 吃蜂蜜，说好话
- 一个巴掌拍不响
- 七窍通了六窍
- 见了小偷喊爸爸
- 冰糖煮黄连
- 下地不穿鞋
- 狗坐轿子
- 马桶倒进臭水沟
- 吹喇叭的打鼓

成语总动员

根据成语选择对应的典故人物。

成语		人物
三顾茅庐	• •	项羽
四面楚歌	• •	赵高
庖丁解牛	• •	廉颇
指鹿为马	• •	庖丁
负荆请罪	• •	赵匡胤
卧薪尝胆	• •	卢生
黄粱一梦	• •	刘备
黄袍加身	• •	勾践

 多义字辨析。
请为下列加点字选择合适的释义。

先发制人
①头发
②启发
③采取行动

锐不可当
①抵挡
②相当
③承担

身临其境
①将要；快要
②面临
③来到

欲罢不能
①欲望
②将要
③想要；希望

麻木不仁
①木头
②棺材
③失去知觉

能说会道
①途径
②说
③道路

心神不安
①平安
②安定
③使安定

背井离乡
①违背
②离开
③背对着

成语总动员

根据成语猜地名。

成语	地名
风平浪静	
四季如春	
天下归一	
夸夸其谈	
延年益寿	
长治久安	
猴年马月	
四海升平	
天南海北	
泰山北斗	

 根据成语猜诗句。

○ 发苍苍
○ 月重光
○ 依不舍
○ 崩地裂
○ 人皆知

○ 雀在后
○ 东狮吼
○ 乡随俗
○ 阔天空
○ 芳千古

○ 盖弥彰
○ 凶极恶
○ 奇百怪
○ 应外合
○ 无法纪

○ 新换代
○ 天入地
○ 官半职
○ 出不穷
○ 阁亭台

诗句

_____，_____。

_____，_____。

成语总动员

 根据诗句猜成语。

红装素裹，分外妖娆。

千山鸟飞绝，万径人踪灭。

千里江陵一日还。

读书破万卷，下笔如有神。

谁知盘中餐，粒粒皆辛苦。

欲穷千里目，更上一层楼。

成语故事

huà shé tiān zú
画蛇添足

古时候，楚国有一家人，祭了祖宗之后，便将祭祀用的一壶酒，赏给手下办事的人喝。因为参加的人不少，所以一壶酒给大家喝是不够的，若是让一个人喝，那倒能喝个痛快。这一壶酒到底给谁喝呢？

大家都安静下来，这时有人建议："我们每个人在地上画一条蛇吧。谁画得又快又好，这壶酒就归他喝。"大家都认为这个办法好，都同意这样做。于是，大家在地上画起蛇来。

有个人画得很快，一转眼工夫就画好了，他端起酒壶正准备喝酒。但是他回头看看别人，大家还都没有画好呢。他心想：他们画得真慢。他想再显示显示自己的本领，于是，便左手提着酒壶，右手拿了一根树枝，给地上的蛇画起脚来，一边画还一边洋洋得意地说："你们画得好慢啊！我再给蛇画几只脚也不算晚呢！"

正在他一边画着脚，一边说话的时候，另外一个人已经画好了。那个人马上把酒壶从他手里夺过去，说："你见过蛇么？蛇是没有脚的，你为什么要给它添上脚呢？这样一来你画得就不是蛇了，所以第一个画好蛇的人不是你，而是我了！"说完，那个人就仰起头来，咕咚咕咚把酒喝下去了。

大家听了那人的话都围过来讥笑这个给蛇画脚的人。这人不但没有喝到酒，还被大家讽刺了一番，他呆呆地看着大家，不知道如何是好。

后来人们就用"画蛇添足"来形容做了多余的事，非但无益，反而不合适。

答案

第一单元　数字乐园

第1页：一口咬定 一了百了 一来二去 一路平安 一落千丈 一路顺风 一览无余 一劳永逸 一毛不拔 一马当先 一鸣惊人 一目了然 一马平川 一面之词 合二为一 二人同心 二龙戏珠 二话不说

第2页：两败俱伤 两面三刀 两肋插刀 两厢情愿 两袖清风 两全其美 三令五申 三头六臂 三阳开泰 三言两语 三顾茅庐 三心二意 连中三元 三番两次 四分五裂 四海一家 四脚朝天 四面八方 四面出击 四面楚歌 四面受敌 四通八达

第3页：百里挑一 表里一致 百密一疏 不屑一顾 独一无二 略知一二 退避三舍 不三不四 颠三倒四 丢三落四 火冒三丈 三纲五常 四书五经 三五成群 五彩缤纷 五谷不分 五谷丰登 五光十色 五花八门 五花大绑 六神不安 六神无主

第4页：身怀六甲 五颜六色 五脏六腑 乱七八糟 七高八低 七手八脚 七嘴八舌 八拜之交 八仙过海 耳听八方 横七竖八 胡说八道 七上八下 含笑九泉 九牛一毛 九死一生 九霄云外 十拿九稳 十室九空 十恶不赦 十面埋伏 十年寒窗

第5页：一举两得 一针见血 一丘之貉 一箭双雕 杀一儆百 千载难逢 千古绝唱 千里迢迢 千锤百炼 千方百计 千疮百孔 千回百转 千钧一发 万众一心 一本万利 日理万机 气象万千 罪该万死 千呼万唤 千真万确

第6页：一 一 三 三 五 五 七 七 九 九
规律：全是单数。
二 二 四 四 六 六 八 八 十 十
规律：全是双数。

第7页：七七，百百，一一，十十，百百，百百，一一，一一
规律：两个数字相同
一两，一二，一二，一二，四八，三六，五十，五十，三六，四八
规律：第二个数字是第一个数字的两倍

第8页：一二，两三，二三，三四，四五，五六，七八，七八，
一二，一二，两三，三四，三四

四，五六，七八，七八
规律：第二个数字比第一个数字大1

第9页：一 二 三 四 五 六 七 八 九 十
　　　一 二 三 四 五 六 七 八 九 十
规律：开头的数字为1至10

第10页：千万，千万，千万，千万，千万，千万，千万，千万，千万
千万，千万，千万，千万，千万，千万，千万，千万，千万
规律：全是千和万组成的成语

第11页：五一六，一三四，三五八，七七三二十九，七六一，八五三，八四四，七六一

第12页：百百万，五一五，四一四，三三九，万百百，万千十，万千十，六三二

第13页：一刀两断　二龙戏珠　四脚朝天　垂涎三尺　一箭双雕　一时三刻　八抬大轿　狡兔三窟

第14页：一无所有　缺衣少食　万无一失　衣食无忧　七上八下　三三两两　一五一十　三五成群

第15页：独一无二　以一当十　接连不断　十全十美　一本万利　九九归一　七上八下　接二连三

第16页：一帆风顺　千钧一发　五彩缤纷　百年不遇　一言九鼎　日上三竿　百里挑一　十全十美　五湖四海　百读不厌

第二单元　动物乐园

第19页：鼠目寸光　十鼠同穴　鼠肚鸡肠　胆小如鼠　牛高马大　小试牛刀　对牛弹琴　九牛一毛　老牛舐犊　泥牛入海　多如牛毛　牛头马面　庖丁解牛　牛鬼蛇神　牛郎织女　虎背熊腰　调虎离山　豺狼虎豹

第20页：狐假虎威　虎头虎脑　将门虎子　狼吞虎咽　龙腾虎跃　降龙伏虎　马马虎虎　如狼似虎　虎视眈眈　狡兔三窟　守株待兔　龙飞凤舞　龙腾虎跃　乘龙佳婿　二龙戏珠　飞龙在天　画龙点睛　车水马龙　指鹿为马　蛇蝎心肠

第21页：打草惊蛇　杯弓蛇影　蛇行虎步　虎头蛇尾　画蛇添足　马不停蹄　马到成功　放马后炮　打马虎眼　龙马精神　老马识途　犬马之劳　兵荒马乱　人强马壮　羊肠小道　亡羊补牢　猴年马月　尖嘴猴腮　杀鸡儆猴　鸡毛蒜皮　鸡鸣狗盗　鸡犬不宁

第22页：鸡犬升天 杀鸡取卵 鹤立鸡群 小肚鸡肠 呆若木鸡 狗尾续貂 狗血喷头 狗眼看人 狗仗人势 狐朋狗友 狼心狗肺 偷鸡摸狗 如鱼得水 沉鱼落雁 缘木求鱼 浑水摸鱼 鹬蚌相争 鸟尽弓藏 独占鳌头 雕虫小技 鱼目混珠 凤毛麟角

第23页：噤若寒蝉 井底之蛙 惊弓之鸟 飞禽走兽 一石二鸟 小鸟依人 鸟语花香 鸦雀无声 闲云野鹤 鹤发童颜 鸠占鹊巢 鸦雀无声 莺声燕语 爱屋及乌 劳燕分飞 草长莺飞 趋之若鹜 鹏程万里 鹦鹉学舌 百鸟朝凤

第24页：牛 鼠 马 羊 猴 鸡 狗 虎 猪 龙 蛇 兔

第25页：燕 鹤 鸟 雀 莺 鹜 鸿 鹏 鹦鹉 乌 凤 鸠 雁 鹤 雕 所填动物都属于：飞禽

第26页：熊 虎 豹 狼 鹿 蚌 蛙 鳖 鱼 虾 蟹

第27页：蛇 鱼 蚕 规律：没有腿 鸡 雀 鹅 鸟 鹊 规律：两条腿 蛙 鼠 龟 羊 兔 规律：四条腿 蝉 蜂 蜻蜓 螳螂 蚂蚁 规律：六条腿

第28页：
虎虎 虎虎 虎虎 虎虎 虎虎 虎虎 虎虎
龙龙 龙龙 龙龙 龙龙 龙龙 龙龙 龙龙

第29页：虎虎 二虎，龙龙 二龙，牛牛牛牛牛牛牛牛九牛，鸟鸟 二鸟 鸡猴鸡猴，牛虎牛虎，龙虎龙虎，鸡狗鸡犬，牛蛇牛蛇

第30页：鼠 鸡 狗 人 马 龙 狼 虎 龙 马 牛 蛇 虎 马 猴 鸡 犬 马 虎 狐

第31页：十鼠同穴 龙飞凤舞 对牛弹琴 杯弓蛇影 虎头蛇尾 鹤立鸡群 马不停蹄 一箭双雕 鹏程万里 井底之蛙

第32页：杜→肚，晴→睛，身→神，工→弓，蛟→狡，貉→鹤，貂→雕，丈→仗，枉→亡，圆→缘

第33页：必有一伤，动若脱兔，十年怕井绳，驷马难追，嫁狗随狗，鸡犬升天，不识好人心，焉知非福，卖狗肉，猪怕壮

第34页：对牛弹琴 马马虎虎 龙飞凤舞 牛高马大 鼠目寸光 小肚鸡肠 兵荒马乱 井底之蛙 鸦雀无声 鸟语花香

第三单元 植物乐园

第37页：步步莲花 遍地开花 百花齐放 妙笔生花 闭月羞花 残花败柳 春花秋月 春暖花开 洞房花烛 繁花似锦 风花雪月 花残月缺 花红柳绿 花好月圆 花里胡哨 花前月下 花容月貌 火树银花

第38页：花团锦簇 花天酒地 花言巧语 镜花水月 锦上添花 柳暗花明 落花流水 拈花惹草 借花献佛 如花似玉 人面桃花 昙花一现 雾里看花 心花怒放 移花接木 眼花缭乱 寸草不生 草草了事 草菅人命 草率从事 草长莺飞 打草惊蛇

第39页：风吹草动 风声鹤唳 草木皆兵 疾风劲草 奇花异草 斩草除根 独树一帜 琼林玉树 榆木脑袋 树大招风 立木南门 呆若木鸡 大兴土木 枯木逢春 良禽择木 麻木不仁 木已成舟 入木三分 绳锯木断 无本之木 朽木不雕 一草一木

第40页：缘木求鱼 瓜熟蒂落 势如破竹 桃红柳绿 雨后春笋 芒刺在背 一叶知秋 拔苗助长 百步穿杨 金枝玉叶 投桃报李 春兰秋菊 桃红李白 驿使梅花 枝繁叶茂 枯枝败叶 根深叶茂 硕果累累 枝叶扶疏 望梅止渴 萍水相逢 藕断丝连

第41页：兰质蕙心 囫囵吞枣 负荆请罪 披荆斩棘 指桑骂槐 金兰之交 绿草如茵 落叶归根 盘根错节 出水芙蓉 梨花带雨 世外桃源 根深蒂固 含苞待放 萍水相逢 苍松翠柏 枝节横生 玉树临风 罄竹难书 胸有成竹 桃李争妍 铁树开花

第42页：花花花花花花花花花花 木木木木木木木木木木

第43页：果 梅 枣 桑 杏 叶 根 枝 杨 木 梨 桃 瓜 芒 藕 木 树 节 枝 竹

第44页：柳柳柳柳柳 兰兰兰兰兰 桃桃桃桃桃

第45页：月花，花月，花月，花月，花月，花月，花月，花月，规律：全是关于"花"和"月"的成语 草草草草草草草草草草草草 规律：全是关于"草"的成语

第46页：表示春天的成语：春暖花开 花红柳绿 百花齐放 春花秋月 雨后春笋 表示夏天的成语：骄阳似火 绿树成荫 挥汗如雨 枝繁叶茂 郁郁葱葱 表示秋天的成语：一叶知秋 硕果累累 花残月缺 残花败柳 落叶归根 表示冬天的成语：冰天雪地 鹅毛大雪 滴水成冰 阳春白雪 林寒涧肃

第47页：编→遍，其→齐，帛→锦，洒→酒，瞭→缭，结→接，职→帜，据→锯，帝→蒂，喝→渴

第48页：遍地开花　花红柳绿
花团锦簇　草率从事
眼花缭乱　花容月貌
如花似玉　风吹草动
草了了事　头昏眼花
打草惊蛇　繁花似锦
桃红柳绿　百花齐放

第49页：形容女子容貌的成语：人面桃花　闭月羞花　花容月貌　如花似玉
描述典故的成语：负荆请罪　拔苗助长　望梅止渴　囫囵吞枣
形容万物枯败残缺的成语：落花流水　残花败柳　西风落叶　花残月缺

第50页：遍地开花　斩草除根　镜花水月　一叶知秋　草率从事　眼花缭乱　拔苗助长　藕断丝连　囫囵吞枣　含苞待放

第51页：妙笔生花　草率从事　花言巧语　眼花缭乱　寸草不生　奇花异草　一草一木　枯枝败叶　根深蒂固　如花似玉

第52页：文章——妙笔生花　姑娘——如花似玉　恋人——花前月下　荒地——寸草不生　三月——草长莺飞　曹操——望梅止渴　秋天——硕果累累　诸葛亮——草船借箭　廉颇——负荆请罪　大树——盘根错节

第四单元　人体乐园

第55页：居心不良　小心翼翼　口是心非　心不在焉　心甘情愿　心平气和　三心二意　心安理得　心口不一　问心无愧　心满意足　心旷神怡　洗心革面　心照不宣　耳目众多　游手好闲　大打出手　拱手让人

第56页：白手起家　手足无措　高抬贵手　掌上明珠　捷足先登　顿足捶胸　碍手碍脚　七嘴八舌　张口结舌　祸从口出　口若悬河　以牙还牙　口齿伶俐　唇亡齿寒　血口喷人　有口皆碑　哑口无言　不足挂齿　信口雌黄　义胆忠肝　饭来张口　赞不绝口

第57页：没齿难忘　唇枪舌剑　守口如瓶　浓眉大眼　挤眉弄眼　慈眉善目　光彩夺目　眉开眼笑　眉来眼去　明目张胆　眼花缭乱　目中无人　有眼无珠　胸有成竹　首屈一指　交头接耳　千头万绪　别开生面　身手不凡　改头换面　抛头露面　抱头鼠窜

第58页：披头散发　白头偕老　当头棒喝　垂头丧气　焦头烂额　千钧一发　怒发冲冠　刺股悬梁　恨之入骨　骨肉团圆　脱胎换骨　毛骨悚然　半身不遂　以身作则　以身试法　体无完肤　刻骨铭心　奋不顾身　遍体鳞伤　置身事外　做贼心虚　卑躬屈膝

第59页：愁眉不展　愁眉苦脸　扬眉吐气　眉清目秀　眉飞色舞　迫在眉睫　举案齐眉　提心吊胆　魂飞魄散　鼻青脸肿　嬉皮笑脸　三头六臂　借刀杀人　伶牙俐齿　仰人鼻息　以貌取人　指腹为婚　面红耳赤　历历在目　耳濡目染

第60页：七手八脚　三头六臂　心不在焉　一目十行　昂首挺胸　捶胸顿足　掌上明珠　胸有成竹

第61页：心心心心心心心心心心心心心心心心心心
规律：所填汉字都是"心"

第62页：耳耳耳耳耳耳耳耳耳　目目目眼目目眼眼目眼

第63页：口牙口齿，唇齿，口齿口口齿唇

脸鼻鼻眉额

耳嘴貌眉眼

第64页：手足手脚脚手手手脚手手足手脚手手
规律：所填汉字都是"手"和"脚"。

脏腑肝心肺腑胸肝肠肝胆胆心心腹
规律：所填汉字均为五脏六腑。

第65页：独具匠心　心甘情愿　心口不一　手足无措　问心无愧　口齿伶俐　心不在焉　哑口无言　心平气和　信口开河

第66页：心手心手，口心口心，耳目耳目，耳目耳目，耳目众多，头耳头耳，身手身手，口舌口舌，手足手脚，眉眉眼，头面头面，胆肝肝胆

第67页：赤手空拳　怒目相向　垂头丧气　提心吊胆　口若悬河　游手好闲　心旷神怡　口是心非　心不在焉　手足无措

第68页：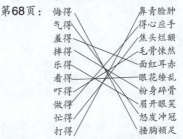
悔得→鼻青脸肿
气得→得心应手
羞得→焦头烂额
摔得→毛骨悚然
乐得→面红耳赤
看得→眼花缭乱
吓得→粉身碎骨
做得→眉开眼笑
忙得→怒发冲冠
打得→捶胸顿足

第69页：新→心，处→触，映→应，踏→塌，淹→掩，错→措，卑→碑，括→刮，掉→吊，曲→屈

第70页：得心应手 口是心非 问心无愧 信口开河 饭来张口 浓眉大眼 愁眉苦脸 胸有成竹 垂头丧气 脚踏实地

第五单元 方位乐园

第73页：东倒西歪 东张西望 东拉西扯 东摇西摆 东躲西藏 东奔西走 东山再起 声东击西 河东狮吼 付之东流 南辕北辙 南征北战 南腔北调 天南海北 南柯一梦 走南闯北 寿比南山 中西合璧

第74页：泰山北斗 前车之鉴 前赴后继 前功尽弃 前无古人 前所未有 前因后果 前思后想 瞻前顾后 鞍前马后 承前启后 空前绝后 史无前例 名列前茅 痛改前非 畏缩不前 裹足不前 停滞不前 一往无前 勇往直前 后继有人 后来居上

第75页：争先恐后 左右开弓 左顾右盼 左思右想 左右逢源 左右为难 上行下效 锦上添花 承上启下 逼上梁山 掌上明珠 梁上君子 雪上加霜 七上八下 榜上有名 板上钉钉 天上人间 举国上下 朗朗上口 力争上游 不相上下 至高无上

第76页：扶摇直上 跃然纸上 箭在弦上 蒸蒸日上 下不为例 对症下药 落井下石 低声下气 不耻下问 低三下四 正中下怀 甘拜下风 双管齐下 每况愈下 江河日下 寄人篱下 声泪俱下 泪如雨下 急转直下 骑虎难下 居高临下 内外勾结

第77页：五内如焚 外圆内方 外强中干 秀外慧中 世外桃源 里应外合 喜出望外 置之度外 驰名中外 置身事外 九霄云外 古今中外 百里挑一 笑里藏刀 字里行间 绵里藏针 表里如一 吃里爬外 沙里淘金 雾里看花

第78页：上 上 上 上 上 上
下 下 下 下 下 下 下 下

第79页：前 前 前 前 前 规律：前在第一位
前 前 前 前 前 规律：前在第二位
前 前 前 前 前 规律：前在第三位
前 前 前 前 前 规律：前在第四位

第80页：东西，东西，东西，东西，东西，东西 规律：含有"东西"的成语
南北，南北，南北，南北，南北，南北 规律：含有"南北"的成语

第81页：中 中 中 中 中 全是含有"中"的成语

先后，先后，先后，先后，先后 规律：全是含有"先后"的成语
中外，中外，中外，外中，外中 规律：全是含有"中外"的成语

第82页：旁 旁 旁 旁 旁 旁 旁 旁；左 左 左 左 左 左 左

第83页：东西东西，南北南北，前后前后，上下上下，上下上下，里外里外，旁左旁左，里外里外

第84页：东西，南北，东西 南北，前后，右左，上下，高低，外里，天地

第85页：梁上君子 锦上添花 外圆内方 箭在弦上 雪中送炭 板上钉钉 榜上有名 裹足不前

第86页：七上八下 争先恐后 前功尽弃 东张西望 板上钉钉 承上启下 雪中送炭 蒸蒸日上 空前绝后 不耻下问

第87页：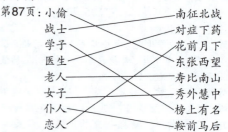

第88页：表示情绪的成语：怒火中烧 声泪俱下 喜出望外 泪如雨下
表示性格的成语：外圆内方 虚怀若谷 胆小怕事 胆大心细
表示动作的成语：勇往直前 左顾右盼 东摇西摆 横冲直撞
表示不良品质的成语：落井下石 笑里藏刀 造谣中伤 挑拨离间

第六单元 色彩缤纷

第91页：白手起家 白驹过隙 黑白分明 白里透红 白面书生 白云青舍 平白无故 白日做梦 白头偕老 不白之冤 洁白无瑕 阳春白雪 颠倒黑白 唇红齿白 真相大白 一清二白 一穷二白 青红皂白

第92页：红装素裹 红颜薄命 穿红着绿 面红耳热 红豆相思 近墨者黑 赤子之心 赤胆忠心 面红耳赤 灯红酒绿 大红大绿 桃红柳绿 衣紫腰金 姹紫嫣红 万紫千红 金无足赤 绿肥红瘦 绿叶成荫

第93页：绿林好汉 绿草如茵 绿水青山 白首之

心 红男绿女 青梅竹马 青黄不接 青云直上 青出于蓝 青山绿水 青史留名 平步青云 名垂青史 炉火纯青 急赤白脸 万古长青 黄袍加身 黄粱一梦

第94页：黄道吉日 面黄肌瘦 飞黄腾达 信口雌黄 人老珠黄 紫气东来 灰心丧气 白屋寒门 灰飞烟灭 灰头土脸 心灰意冷 万念俱灰 心如死灰 五彩斑斓 五彩缤纷 金碧辉煌 一团漆黑 黄卷青灯 黑灯瞎火 月黑风高 昏天黑地 起早贪黑

第95页：苍翠欲滴 绚丽多彩 五光十色 白纸黑字 明日黄花 白虹贯日 油头粉面 披红戴花 白雪皑皑 苍白无力 满面红光 橙黄橘绿 粉墨登场 粉身碎骨 粉饰太平 赤手空拳 赤膊上阵 青山不老 粉白黛黑 黑天白日

第96页：白 白 白 白，规律："白"分别在一、二、三、四位
青 青 青 青，规律："青"分别在一、二、三、四位
黄 黄 黄 黄，规律："黄"分别在一、二、三、四位
黑 黑 黑 黑，规律："黑"分别在一、二、三、四位
粉 粉 粉 粉，规律："粉"分别在一、二、三、四位

第97页：青 粉 黄 粉 黑 黑 黄 黄 青 青 黑 粉

第98页：黄 金 紫 红 绿 青 黄 白 朱 碧 朱 粉 白 黄 绿 红 赤 白 黑 白 蓝

第99页：黑 红 绿 青 黄 蓝 粉 金 橙 紫

第100页：红黄橙，黄蓝绿，蓝红紫，白黑灰，紫红紫红，绿黄绿黄，红白粉，红黑白褐

第101页：百年好合 无缘无故 黑白混淆 一贫如洗 万紫千红 登峰造极 流芳百世 富丽堂皇 灰心丧气 一步登天

第102页：描述景色的成语：青山绿水 桃红李白 红装素裹 阳春白雪 白雪皑皑
描述人物体貌特征的成语：眉清目秀 人老珠黄 白面书生 粉白黛黑 面黄肌瘦

第103页：

第104页：白雪皑皑 洁白无瑕 黑白颠倒 近朱者赤 名垂青史 万念俱灰 起早贪黑 苍翠欲滴 面黄肌瘦 飞黄腾达

第105页：白驹过隙：比喻时间过得很快；光阴易逝。
一穷二白：形容基础差，底子薄。
面红耳赤：形容因羞愧、窘迫、激动或发怒而脸色涨红的样子。
不白之冤：指无法辩白或无处申诉而被迫忍受的冤枉。
一清二白：非常清白；没有污点。
青山绿水：泛称美好山河。
青梅竹马：形容小儿女天真无邪玩耍游戏的样子。
炉火纯青：比喻功夫造诣已达到了精湛、纯熟、完美的地步。
起早贪黑：早起晚睡，形容人非常辛勤。
昏天黑地：指天色漆黑，不能辨别方向。也形容昏昏沉沉、神志不清。

第106页：皆→偕，睱→瑕，到→倒，青→清，菓→裹，诧→蛇，荫→茵，垂→纯，膝→漆，壁→碧

第七单元 人物动作

第109页：健步如飞 低头哈腰 坐立不安 倾耳细听 冥思苦想 步履蹒跚 东奔西跑 目不转睛 挖空心思 大步流星 连蹦带跳 买椟还珠 道听途说 飞檐走壁 东逃西窜 怒目而视 大摇大摆 横冲直撞

第110页：左顾右盼 东张西望 飞沙走石 奔走呼号 挤眉弄眼 摇旗呐喊 上蹿下跳 瞻前顾后 极目远眺 东倒西歪 虎视眈眈 流星赶月 动如脱兔 喊冤叫屈 鸡飞蛋打 痛哭流涕 哭哭啼啼 泣不成声 舞文弄墨 捶胸顿足 号啕大哭 抱头痛哭

第111页：哭天喊地 破涕为笑 嫣然一笑 手舞足蹈 张牙舞爪 抓耳挠腮 面面相觑 嬉皮笑脸 对答如流 谈笑风生 高谈阔论 夸夸其谈 花言巧语 心惊肉跳 调兵遣将 顶天立地 眉飞色舞 昂首挺胸 垂头丧气 大惊失色 怒发冲冠 走马观花

第112页：欢呼雀跃 扶老携幼 促膝谈心 前俯后仰 奔走相告 跋山涉水 喜笑颜开 呆若木鸡 悬梁刺股 掩耳盗铃 长吁短叹 翻山越岭 吞吞吐吐 偷偷摸摸 窃窃私语 抱头鼠窜 踉踉跄跄 拉拉扯扯 摇摇摆摆 指手画脚 捉襟见肘 笨鸟先飞

第113页：挑肥拣瘦 刻舟求剑 杀鸡儆猴 腾云驾雾 画龙点睛 五体投地 乐不思蜀 爱屋及乌 举手之劳 摩拳擦掌 呕心沥血 临阵磨枪 呱呱坠地 鸡犬升天 对牛弹琴 调虎离山 守株待兔 打草惊蛇 招兵买马 跃跃欲试

第114页：盹盹 窃窃 哭哭 躲躲 面面 踉踉 夸夸 扯扯 吞吞 摇摇 摸摸 兢兢

第115页：思想 蹦跳 顾盼 摇摆 张望 草木 舞蹈 嬉笑 谈论 慌乱
规律：全是近义词
前后 东西 上下 左右 天地 生死 老幼 前后 长短 生死
规律：全是反义词

第116页：
捶 顿 惊 跳
倾听 吁 叹
闻舞 抱 窜
思想 拉 扯
奔跑 俯 仰
张望 跋 涉
走观 顾 盼
悬刺 张 舞
昂挺 舍 为
偷摸 哭 啼

第117页：睛 股 耳 脚 目
发 眉 胸 眼 心
牙 腮 面 手 皮
颜 口 眉 头 身

第118页：舞 舞 舞 舞 舞 规律：舞
飞 飞 飞 飞 飞 规律：飞
哭 哭 哭 哭 哭 规律：哭

第119页：表示速度的成语：风驰电掣 电光石火 眼疾手快
表示说话的成语：自言自语 促膝长谈 对答如流

表示典故的成语：掩耳盗铃 守株待兔 买椟还珠
表示担心的成语：提心吊胆 坐立不安 心惊肉跳
表示喜悦的成语：笑逐颜开 眉飞色舞 欢呼雀跃

第120页：悬梁刺股 走马观花 窃窃私语 怒发冲冠 画地为牢 拔苗助长 手舞足蹈 卧薪尝胆

第121页：健 洗 壁 履 瞻 驰 捶 啕 梁 形

第122页：

第123页：滔滔不绝：像水流一样不间断。比喻话多而又流畅。
哭天喊地：提高嗓门又哭又叫。
健步如飞：步伐矫健，快得像飞，形容行走迅速。
蹑手蹑脚：形容放轻脚步走的样子。
花言巧语：指虚假而动听的话。
张牙舞爪：原形容野兽凶猛的样子，现多比喻敌人或坏人猖狂凶恶的样子。
忐忑不安：心里七上八下，安定不下来。
昂首挺胸：仰着头，挺起胸膛，形容精神饱满的样子。
一目十行：形容看书非常快。
前俯后仰：身体前后晃动，形容大笑或困倦得直不起腰的样子。

第124页：飞檐走壁 东张西望 挖空心思 道听途说 动若脱兔
捶胸顿足 怒发冲冠 奋不顾身 促膝谈心 厚颜无耻

第八单元 心情转盘

第127页：大喜过望 心平气和 平心静气 暴跳如雷 心有余悸 惊魂未定 心安理得 心如刀割 心如死灰 心驰神往 心旷神怡 心乱如麻 心神不定 心神恍惚 心悦诚服 心惊肉跳 心花怒放 心烦意乱

第128页：心惊胆战 心猿意马 心潮澎湃 乐不可支 百感交集 感慨万千 欢天喜地 欢欣鼓舞 悲痛欲绝 忧心如焚 忧心忡忡 闷闷不乐 欣喜

若狂 柔肠寸断 悔恨交加 喜不自胜 喜出望外 愤愤不平 悲喜交集 提心吊胆 痛不欲生 痛心疾首

第129页：痛快淋漓 痛哭流涕 义愤填膺 大惊小怪 大惊失色 大惑不解 从容不迫 毛骨悚然 心不在焉 六神无主 泰然自若 目瞪口呆 处之泰然 半信半疑 毕恭毕敬 自言自语 全神贯注 兴致勃勃 兴高采烈 呆若木鸡 将信将疑 含情脉脉

第130页：坐卧不安 怅然若失 忸怩作态 没精打采 张口结舌 张皇失措 迟疑不决 局促不安 忍俊不禁 哑然失笑 幸灾乐祸 若无其事 若有所失 若有所思 和颜悦色 和蔼可亲 垂头丧气 受宠若惊 怡然自得 诚惶诚恐 勃然大怒 恼羞成怒

第131页：洗耳恭听 举止失措 笑逐颜开 捧腹大笑 神色自若 神采飞扬 神采奕奕 神思恍惚 愁眉不展 眉飞色舞 眉开眼笑 嫣然一笑 怒不可遏 怒气冲天 怒火中烧 怒发冲冠 破涕为笑 热泪盈眶 唉声叹气 哭笑不得

第132页：痛悲悲笑笑喜喜痛痛悲痛 悲悲笑笑喜喜笑痛喜

第133页：心神心神，心神心神，心神心神，心神心神，心神心神 心神心神，心神心神，心神心神

第134页：乐乐乐乐乐 特点归纳：所填汉字全为"乐"
怒怒怒怒怒 特点归纳：所填汉字全为"怒"
愁愁愁愁愁 特点归纳：所填汉字全为"愁"

第135页：闷闷不乐 哀哀欲绝 忧心忡忡 愤愤不平 含情脉脉 眷眷之心 兴致勃勃 心心相印 神采奕奕 依依不舍 得意洋洋 郁郁寡欢 面面相觑 沾沾自喜 恋恋不舍 想入非非 惴惴不安 快快不悦 耿耿于怀 小心翼翼 规律：都是叠词成语。

第136页：暴跳如雷 心惊肉跳 柔肠寸断 心烦意乱 心如刀割 幸灾乐祸 提心吊胆 感慨万千 心驰神往 谈笑自若 目瞪口呆 心潮澎湃 心乱如麻 欢欣鼓舞 张口结舌 怒火中烧

第137页：表示喜悦的成语：眉飞色舞 喜出望外 喜不自胜
表示惊慌的成语：惊恐万分 心惊胆战 惊慌失措
表示愤怒的成语：怒气冲天 勃然大怒 恼羞成怒
表示痛苦的成语：痛心疾首 悲痛欲绝 痛不欲生
表示忧愁的成语：忧心如焚 忧心忡忡 愁眉苦脸

第138页：喜→嬉，羊→洋，冲→忡，城→诚，暗→黯，焉→嫣，亚→哑，默→脉，皇→惶，心→欣

第139页：暴跳如雷 心如刀割 百感交集 欣喜若狂 痛不欲生 大惊失色 自言自语 呆若木鸡 面面相觑 哭笑不得

第140页：全神贯注 心急如焚 七窍生烟 心如刀割 提心吊胆 眉飞色舞 前俯后仰 手忙脚乱 光彩照人 悲痛欲绝

第141页：愁眉苦脸 张口结舌 聚精会神 和蔼可亲 兴高采烈 忧心忡忡 惊慌失措 得意忘形 心不在焉 怒火中烧

第142页：心有余悸 心潮澎湃 忧心忡忡 从容不迫 全神贯注 苦思冥想 没精打采 和蔼可亲 幸灾乐祸 心猿意马

第九单元 成语接龙

第145页：（1）得手铁心
（2）开地博笑
（3）洗听心一
（4）人天心一

第146页：（1）珠合一二
（2）山尽知恩
（3）长月高水
（4）心和同力

第147页：（1）过忘以志
（2）八海月人
（3）死地博深
（4）车龙跃上

第148页：（1）虎群首应
（2）刻心一金
（3）长月人出
（4）头道东发

第149页：（1）对歌德重山长老成
（2）心服小玉事为表一

第150页：（1）寡众月高云日天敌
（2）花语人故虚意先人

第151页：（1）廉公仇快语人
（2）热腾雾花地博闻 声震地摇怜玉清

第152页：（1）难贵下言失助乐来

187

风 古 香 马
（2）快 语 人 花 下 神 人 心
双 飞 火 天
第153页：一 二 三 四 五 六 七 八 九 十
第154页：一 二 三 四 五 六 七 八 九 十
第155页：个 十 百 千 万 十万 百万 千万 亿万
第156页：鼠 牛 虎 兔 龙 蛇 马 羊 猴 鸡 狗 猪
第157页：鼠 牛 虎 兔 龙 蛇 马 羊 猴 鸡 狗 猪
第158页：心 一 先 己 饥 食 化 奇 草 花 绿 山 秀 中 道 穷 月 稀
第159页：（1）一 一 一 一
（2）前 前 前 前
（3）二 二 二 二
（4）三 三 三 三
第160页：千 千 千 千
万 万 万 万
鼠 鼠 鼠 鼠
虎 虎 虎 虎

第十单元 成语辨析和运用

第163页：liǎo dāng cháo dǎo là kōng mái xiě zhuàn fà
第164页：两全其美 一心一意 愁眉苦脸 心灵手巧 妻离子散 虚怀若谷 谨小慎微 枯枝败叶 口若悬河
第165页：一路顺风 四通八达 四面楚歌 心口如一 略知皮毛 独一无二 五颜六色 六神无主 七上八下
第166页：形 肋 恻 瞠 弛 怵 怵 骋 懊 辨 戎
第167页：千里之行 万夫莫开 百年树人 溃于蚁穴 不见泰山 种瓜得瓜 一言既出 后人乘凉 一波未平
第168页：疏而不漏 机不可失 焉得虎子 己所不欲 不经一事 八仙过海 秉性难移 旁观者清 走为上策
第169页：教室 安安静静
群山 层层叠叠
路人 匆匆忙忙
口袋 鼓鼓囊囊
走路 慌慌张张
琴声 断断续续
坐姿 端端正正
说话 吞吞吐吐

眼神 躲躲闪闪
第170页：说得 有声有色
站得 毕恭毕敬
装修得 古色古香
长得 虎头虎脑
跑得 无影无踪
画得 活灵活现
打扮得 怪模怪样
赶得 没日没夜
做得 有板有眼
美得 倾国倾城
走得 大摇大摆
第171页：热泪盈眶 面面相觑 勃然大怒 大惊小怪 泰然自若 奋不顾身 雷厉风行 金碧辉煌 绚丽多彩 山清水秀
第172页：略
第173页：有口难言 甜言蜜语 孤掌难鸣 一窍不通 认贼作父
同甘共苦 脚踏实地 不识抬举 同流合污 自吹自擂
第174页：

第175页：③采取行动 ①抵挡 ③来到 ③想要；希望 ③失去知觉 ②说 ②安定 ②离开
第176页：宁波 长春 大同 海口 延寿 长安 侯马 四平 海南 泰山
第177页：白日依山尽
黄河入海流
欲穷千里目
更上一层楼
第178页：红装素裹 无影无踪 一日千里 下笔有神 来之不易 登高望远